항공객실

일상 안전

Regular Safety Management of Cabin

Park Soo Jin
Hong Young Sik

ISBN-13: 978-89-6218-555-3

Cengage Learning Korea Ltd.
14F YTN Newsquare 76 Sangamsan-ro
Mapo-gu Seoul 03926 Korea

Cengage is a leading provider of customized learning solutions with employees residing in nearly 40 different countries and sales in more than 125 countries around the world. Find your local representative at: **www.cengage.com.**

To learn more about Cengage Solutions, visit **www.cengageasia.com**

Every effort has been made to trace all sources and copyright holders of news articles, figures and information in this book before publication, but if any have been inadvertently overlooked, the publisher will ensure that full credit is given at the earliest opportunity.

Printed in Korea
Print Number: 02 Print Year: 2026

항공객실
일상 안전

박수진 · 홍영식 지음

Regular Safety Management of Cabin

Cengage

항공객실

일상 안전

초판 1쇄 발행 | 2023년 10월 19일
초판 2쇄 발행 | 2026년 2월 26일

지은이 | 박수진, 홍영식
발행인 | 탄록민(TAN LOCK MIN), 마이클 조셉 케이힐(MICHAEL JOSEPH CAHILL)
편집기획 | 김민정
발행처 | 센게이지러닝코리아㈜
등록번호 | 제313-2007-000074호(2007.3.19.)
주 소 | 서울시 마포구 상암산로 76 YTN 뉴스퀘어 14층
이메일 | asia.infokorea@cengage.com
홈페이지 | www.cengage.co.kr

ISBN-13 | 978-89-6218-555-3

정가 24,000원

머리말

전 세계 항공 여객운송 산업의 성장으로 항공기를 이용하는 사람이 증가하고 있으며, 국제민간항공기구(ICAO)를 비롯한 국제기구, 각국 정부와 모든 항공사의 적극적인 노력으로 항공안전 및 항공보안 관련 기준이 더욱 엄격해지고 있다. 항공안전과 항공보안은 항공 여객운송 산업의 근간이며, 항공 산업의 발전을 위해 항공 관계자는 끊임없이 연구·개발을 하고 있다. 또한 교육 현장에서는 산업 현장의 직무를 수행하는 데 필요한 지식, 기술, 태도를 국가적 차원에서 표준화한 NCS(National Competency Standards)의 모듈을 익힌 능력 있는 인재를 키우기 위해 노력하고 있다.

이 책은 항공 관련 법률, 규정, 정책 등을 바탕으로 객실 안전 및 보안의 기본 개념과 객실승무원의 구체적인 업무 내용을 쉽게 파악할 수 있도록 구성했다. 객실 안전 및 보안을 일상과 비상으로 구분하고 《항공객실 일상 안전》, 《항공객실 비상 안전》으로 분권하여 집필했다. 이 책의 특징은 다음과 같다.

첫째, 주제별 '생각해보기'의 선행 질문을 통해 독자가 주제에 대해 흥미를 가지고 스스로 생각하여 문제점, 개선 방안 등을 도출해낼 수 있도록 내용을 구성했다.

둘째, 항공 객실 서비스 관련 전공자뿐만 아니라 항공 객실 서비스에 관심을 가진 일반인도 내용을 쉽게 이해할 수 있도록 실물 사진과 영상 자료를 다수 실었다.

셋째, 항공사 취업을 준비하는 예비 객실승무원이 면접 자료로 활용할 수 있는 항공 지식을 담고 있다.

넷째, 현장감 있는 학습이 되도록 다양한 항공사고 및 사례를 소개했다.

끝으로 사진과 영상 자료 제작에 기꺼이 참여해준 인하공업전문대학 항공운항과 학생들에게 고마움을 전한다. 또한 내용을 감수해준 현장 승무원, 책이 나오기까지 물심양면으로 지원해준 센게이지러닝코리아 관계자분들에게도 감사 인사를 드리고 싶다.

객실승무원을 꿈꾸는 독자에게 미력하나마 작은 책을 통해 항공 안전 및 보안이라는 개념과 의식을 심어줄 수 있어 기쁘고 행복하다.

2023년 10월 10일

박수진, 홍영식

차례

CHAPTER 3

항공기의 외부 구조

CHAPTER 4

항공기의 내부 구조

CHAPTER 5 항공기 도어

CHAPTER 6

비상·보안 장비

CHAPTER 7

객실 안전·보안 관련 주요 규정

CHAPTER **1**

항공안전과 항공보안

AVIATION SAFETY & SECURITY

항공 산업이 발달하고 성장함에 따라 오늘날 모든 사람은 항공 여객운송 산업에서 항공안전과 항공보안이 매우 중요하다는 것을 알고 있다. 또한 항공기가 다른 어떤 교통수단보다 더 안전하다는 사실이 다양한 통계를 통해 밝혀졌다.

그러나 운항 중인 항공기의 사소한 결함은 대형 사고로 이어질 수 있으며, 수백 명의 승객이 탑승하고 있기 때문에 한 번의 대형 사고가 사회·경제적으로 큰 파장을 불러일으킨다. 이에 정부기관, 항공 관련 국제기관, 공항, 항공사 등은 항공안전의 중요성을 인지하고 안전 향상을 위해 지속적인 관심을 쏟으면서 다양한 노력을 기울이고 있다. 특히 항공 종사자의 교육훈련, 자격관리와 같은 인적 요인과 안전 및 보안 관련 정책, 제도, 시스템 등에 더욱 신경을 쓰고 있다.

항공안전과 항공보안의 정의는 국제민간항공협약 부속서와 국내법에 제시되어 있다. 다음 그림에 나타냈듯이 통상적으로 광의(廣義)의 항공안전에 협의(狹義)의 항공안전과 항공보안이 포함되어 있으며, 항공안전과 항공보안의 궁극적인 목표는 광의의 항공안전을 달성하는 것이다.

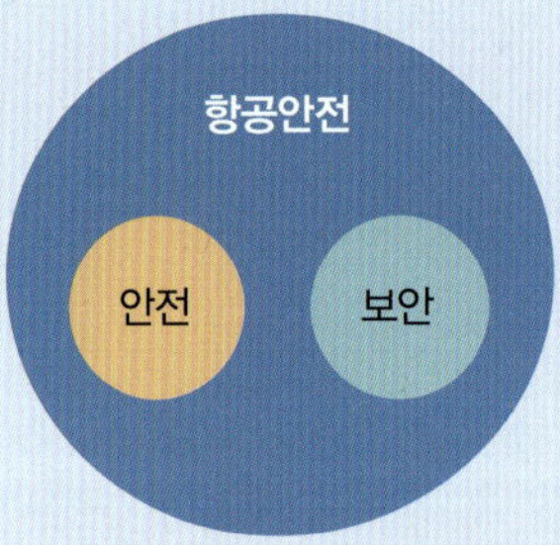

항공안전과 항공보안의 범위

이 장에서는 항공안전과 항공보안 중에서도 객실 분야와 관련된 안전과 보안에 초점을 맞춘다. 그리고 항공안전과 항공보안이 왜 중요한지, 항공안전과 항공보안에 대한 개념과 관련 법규범, 객실승무원의 활동을 중심으로 살펴볼 것이다.

01 항공안전

우리나라에서는 항공안전 계획을 수립하고, 잠재 위험 관리 및 안전 증진 활동을 통해 항공사고를 미연에 방지하며, 만일의 사고에 대비한 비상 대응 및 재발 방지 대책을 강구하고 지속적으로 관리하기 위해 '국가 항공안전 프로그램(State Safety Programme, SSP)', '안전관리 시스템(Safety Management System, SMS)' 등을 운영하고 있다.

생각해보기 '객실 항공안전'이란 무엇이며, 왜 중요한가?

1) 항공안전의 정의와 의의

(1) 정의

국가 항공안전 프로그램 제2조에 따르면, '안전(safety)'이란 항공기 운항 또는 항공기 운항을 직접적으로 지원하는 활동과 관련된 항공안전 위험도(risk)가 적정 수준으로 감소되고 관리되는 상태를 말한다. 항공 종사자가 업무를 수행하는 과정에서 인적 오류, 단순 실수, 물리적 결함 등 의도하지 않은 위해 행위로부터 항공안전을 확보하는 것을 의미한다.

국가 항공안전 프로그램

사고의 사후 조치 중심으로 이루어졌던 전통적인 안전감독(state safety oversight, SSO)에 사고의 예방 관리 기능을 추가한 국가 차원의 안전관리 방식이다.

(2) 의의

항공기가 대형화·시스템화되고 다양한 사고 잠재 요인이 연관되어 발생하는 항공사고의 특성상 사소한 안전 문제라도 엄청난 피해를 초래할 수 있다. 항공사고의 경우 대개 항공기가 전소하고 탑승자 전원이 목숨을 잃으며 사고의 직접적인 원인을 규명하는 데 어려움이 있기 때문에 항공 분야는 특히 안전과 관련된 연구와 예방을 위해 노력하고 있다. 안전사고를 예방하기 위해서는 기술적·물리적 분야를 개선하는 것은 물론이고 인적 요인과 관련된 분야도 개선해야 한다.

2) 항공안전 관련 국내외 법규

(1) 국제 법규

국제민간항공기구(ICAO)는 국제적으로 통일된 항공 관련 기준을 각국의 민간항공에 적용하기 위해 총 19개의 부속서를 제정했으며, 모든 체결국은 부속서의 기준을 준수해야 한다. 부속서별 항목(항공 종사자의 면허 등)이 정해져 있으며, 내용 적용의 강제성에 따라 국제 표준, 권고 사항, 선택 사항으로 구분된다.

국제민간항공협약(Convention on International Civil Aviation)

민간 항공 운영을 위한 기본 조약으로, 1944년 시카고 국제회의에서 채택되었다. 이는 국제 민간 항공이 발달하면서 각국 및 국민 간의 마찰을 피하고 협력을 촉진하기 위해 제정된 일정 원칙과 기준이다.

국제민간항공기구(International Civil Aviation Organization, ICAO)

국제연합(UN) 산하의 전문 기구로, 국제민간항공협약에 따라 1947년에 발족되었다. 국제 항공 운송에 필요한 국제 표준과 권고를 개발하여 국제 민간 항공이 안전하고 질서 있게 발전하도록 도모한다.

(2) 국내 법규

우리나라의 항공안전법은 국제민간항공협약의 표준과 권고 방식에 따라 항공기, 경량 항공기 또는 초경량 비행 장치의 안전하고 효율적인 항행을 위한 방법과 국가, 항공 사업자, 항공 종사자 등의 의무 등에 관한 사항을 규정하기 위해 제정되었다. 항공 공법의 하나인 항공안전법은 총 12개 장에 전문 167개 조와 부칙으로 구성되었으며, 항공안전법 시행령 및 시행규칙에는 법률에서 위임한 사항이 규정되어 있다. 또한 항공기 소유자 등 항공 종사자가 준수해야 할 최소의 안전 기준을 정하여 항공기의 안전 운항을 확보하기 위해 '고정익 항공기를 위한 운항 기술 기준'이 마련되었다.

3) 객실승무원의 항공안전 활동

항공 종사자에는 조종사, 부조종사, 항공사, 항공기관사, 항공교통관제사, 항공정비사, 운항관리사 등이 포함된다. 객실승무원은 항공 종사자로 분류되지는 않지만, 항공안전법에 의거하여 승객의 안전을 도모하기 위해 항공사 운영자 또는 기장으로부터 부여받은 임무를 수행한다.

항공안전법 제2조에 따르면, 객실승무원은 항공기에 탑승하여 비상시 승객을 탈출시키는 등 승객의 안전을 위한 업무를 수행하는 사람으로서, 객실승무원의 세부적인 항공안전 활동은 '고정익 항공기를 위한 운항 기술 기준'에 규정되어 있다. 객실승무원은 승객 탑승 전부터 하기 후까지 비행 전반에 걸쳐 다양한 일상 안전 업무를 수행하며, 비상 상황이 발생했을 때에는 적절한 대응 조치를 수행해야 한다.

(1) 일상 안전 업무

객실승무원은 비행 단계별로 일상 안전 업무를 수행한다. 여기에는 비행 전 객실·운항 브리핑, 비상 보안 장비 점검, 객실 보안 점검, 비인가자의 항공기 출입 통제, 객실 반입 금지 물품 통제, 승객 수하물 보관, 항공기 지상 이동 시 안전 업무, 이륙 전 안전 업무, 비행 중 안전 업무, 착륙 후 안전 업무, 승객 하기 후 안전 업무 등이 포함된다.

(2) 비상 안전 업무

객실승무원은 비상시 승객의 안전을 확보하기 위해 비상 상황에 따라 다양한 업무를 수행한다. 기내에서 일어날 수 있는 비상 상황으로는 화재, 감압, 비상 탈출, 불법 방해 행위, 항공기 납치, 폭발물 및 생화학 물질 발견, 응급 환자 발생 등이 있다.

4) 안전 문화

국가 항공안전 프로그램 제2조에 따르면, '안전 문화(safety culture)'란 안전관리에 대한 의지, 책임 의식을 좌우하는 조직 및 구성원의 가치관, 태도, 인식, 역량, 행동 양식 등을 말한다. 안전 분야에서의 안전 문화에 대한 관심은 지속적으로 발전하고 있다. 항공안전을 확보하는 데에는 물리적·기계적 안전성뿐만 아니라 조직 및 구성원의 안전 문화를 기본적으로 갖추어야 한다. 특히 조직 내 안전 문화가 사고 예방과도 직결된다는 것은 다양한 연구를 통해 알려진 사실이다.

정리해보기

항공안전 관련 사고 사례와 객실승무원의 항공안전 활동을 조사하고 느낀 점을 정리하시오.

02 항공보안

항공안전과 마찬가지로 항공보안은 항공 여객운송 산업에서 매우 중요한 분야이며, 앞서 설명했듯이 광의의 항공안전에 항공보안이 포함되어 있다. 항공보안의 궁극적 목표는 전 세계적으로 통일된 보안 조치를 구현하여 글로벌 보안을 강화하는 것이다. 즉 실행 가능하고 합리적인 범위 내에서 보안 실패를 줄임으로써 항공보안을 달성하고 광의의 항공안전을 확보하려는 것이다.

생각해보기 '객실 항공보안'이란 무엇이며, 왜 중요한가?

1) 항공보안의 정의와 의의

(1) 정의

국제민간항공협약 부속서(ICAO Annex 17 2.1.1)에 따르면, '항공보안(aviation

security)'은 민간 항공의 안전을 유지하기 위해 인명 및 재산의 안전에 위해를 가하거나 항공 업무를 수행하는 데 중대한 영향을 미치는 불법 방해행위로부터 승객, 승무원, 지상 요원, 일반인과 민간 항공 업무에 사용되는 항공기, 공항시설, 기타 시설을 보호하는 것으로 정의되어 있다. 또한 항공보안법에는 항공기 내에서의 불법행위를 방지하고 승객, 승무원, 지상 요원 등 민간 항공의 보안을 확보하는 것으로 정의되어 있다.

그리고 '항공기 내에서 범한 범죄 및 기타 행위에 관한 협약'(동경협약, 1963년)에 따르면, 항공보안의 목적은 민간 항공을 대상으로 하는 항공기 납치, 항공기 폭파, 항행 안전시설 및 공항시설의 파괴 등을 자행하는 테러 등의 불법 방해행위로부터 민간 항공의 운항을 보호하고 승객, 승무원, 지상 요원과 일반 국민을 보호하는 것이다. 다시 말해 항공기 운항, 공항시설 등의 파괴를 목적으로 하는 테러리스트 등 범죄자의 의도적인 위해행위로부터 항공안전을 확보하려는 것이다.

(2) 의의

항공 산업의 발달로 민간 항공기를 이용하는 사람의 수가 급격히 증가하면서 항공보안은 항공 산업뿐만 아니라 전 세계 경제에 막대한 영향을 미치고 있다. 따라서 항공보안의 실패로 인한 피해는 항공 산업만의 문제라고 할 수 없으며, 철저한 규제와 체계적인 관리를 통해 항공보안을 강화해야 한다.

2) 항공보안 관련 국내외 법규

(1) 국제 법규

국제민간항공기구의 부속서 17에는 불법 방해행위로부터 민간 항공을 보호하기 위해 모든 체결국이 준수해야 할 항공보안 관련 국제 표준과 권고 사항 등이 명시되어 있다. 또한 다음과 같은 국제 협약을 통해 항공보안을 확보하는 방안을 마련했다.

국제 협약

- 항공기 내에서 범한 범죄 및 기타 행위에 관한 협약
- 항공기의 불법 납치 억제를 위한 협약
- 민간 항공의 안전에 대한 불법적 행위의 억제를 위한 협약
- 민간 항공의 안전에 대한 불법적 행위의 억제를 위한 협약을 보충하는, 국제 민간 항공에 사용되는 공항에서의 불법적 폭력행위의 억제를 위한 의정서
- 가소성 폭약의 탐지를 위한 식별 조치에 관한 협약

(2) 국내 법규

우리나라의 항공보안법은 국제민간항공협약 등의 국제 협약에 따라 공항시설, 항행 안전시설 및 항공기 내에서의 불법행위를 방지하고 민간 항공의 보안을 확보하기 위한 기준, 절차, 의무 사항 등을 규정하기 위해 제정되었다. 항공 공법의 하나인 항공보안법은 총 8개 장에 전문 51개 조와 부칙으로 구성되었으며, 안전한 항공기 운항을 위해 체결된 형사법적 성격을 띠고 있다. 그리고 항공보안법 시행령 및 시행규칙에는 법률에서 위임한 사항이 규정되어 있다.

각 항공사는 객실승무원이 기내 불법 방해행위 대응을 위해 수행해야 할 임무와 책임, 교육훈련, 자격 기준 등이 구체적으로 명시되어 있는 '항공운송 사업자의 항공기내보안요원 등 운영 지침'에 따라 업무 절차를 갖추고 있다. 항공보안법은 항공기 내에서 준수해야 할 규정 및 객실승무원의 정당한 직무 집행을 방해하거나 승무원과 승객의 안전한 여행을 위협하는 일체의 행위를 다음과 같이 명시하고 '승객의 협조 의무'를 두었는데, 이를 통해 객실 항공보안의 개념을 이해할 수 있다.

항공기 내 불법 방해행위

항공보안법 제2조 제8항에 따르면, '불법 방해행위'란 항공기의 안전 운항을 저해할 우려가 있거나 운항을 불가능하게 하는 다음과 같은 행위를 말한다.

- 지상에 있거나 운항 중인 항공기를 납치하거나 납치를 시도하는 행위
- 항공기 또는 공항에서 사람을 인질로 삼는 행위
- 항공기, 공항 및 항행 안전시설을 파괴하거나 손상하는 행위
- 항공기, 항행 안전시설 및 보호구역에 무단 침입하거나 운영을 방해하는 행위
- 범죄의 목적으로 항공기 또는 보호구역 내로 무기 등 위해 물품을 반입하는 행위
- 지상에 있거나 운항 중인 항공기의 안전을 위협하는 거짓 정보를 제공하는 행위 또는 공항 및 공항시설 내에 있는 승객, 승무원, 지상 근무자의 안전을 위협하는 거짓 정보를 제공하는 행위
- 사람을 사상에 이르게 하거나 재산 또는 환경에 심각한 손상을 입힐 목적으로 항공기를 이용하는 행위
- 그 밖에 항공보안법에 따라 처벌받는 행위

3) 객실승무원의 항공보안 활동

항공보안 종사자에는 항공보안감독관, 항공보안검색요원, 항공경비요원 등이 포함된다. 객실승무원은 항공보안 종사자로 분류되지는 않지만, 항공보안법과 사법경찰관리의 직무를 수행할 자와 그 직무 범위에 관한 법률에 의거하여 법적 지위를 통해 항공보안 업무를 수행한다. 객실승무원의 기내 보안 업무는 일상적으로 상시 수행하는 업무와 비상 상황 시 수행하는 업무로 크게 구분할 수 있다.

(1) 일상 보안 업무

객실승무원은 비행 단계별로 일상 보안 업무를 수행한다. 여기에는 객실·운항 브리핑 시 보안 관련 정보 공유, 보안 장비 점검, 국가 항공보안 등급에 따른 출발 전·비행 중·비행 후 보안 점검, 기내 비인가자 출입 통제, 기내 탑재 용품 봉인 상태 점검, 기내 의심스러운 물품 반입 제한 및 신고, 운항 중 조종실 출입에 대한 제반 규정 준수, 비행 후 기내 잔류 승객 확인 등이 포함된다. 그 밖에도 객

실승무원의 휴대 수하물 보안 유지, 보안 구역 내 신분증 패용, 해외 체류 시 공항 지점 및 숙소 등과의 비상 연락망 유지, 승무원 IT 장비 및 정보 시스템 비밀번호 관리, 승무원 유니폼 관리, 승객의 개인 정보 보안 업무 등이 있다.

(2) 비상 보안 업무

객실승무원은 항공보안법에 의거하여 기내 불법 방해행위 발생 시 대응 조치, 객실 내 폭발 의심 물체 발견 시 최소 위험 폭발물 위치 사용 절차, 객실 내 생화학물 발견 시 제반 절차, 자발적 하기 승객에 따른 제반 절차, 항공기 불법 점거·농성에 따른 절차 등의 업무를 수행한다. 또한 비상 상황에 대비하여 테이저건, 비상벨, 방폭 매트, 방폭 재킷, 포승줄, 구금 장비 등의 사용법을 익히고, 항상 사용 가능한 상태인지 점검해야 한다.

(3) 특별사법경찰리로서 객실승무원의 직무

사법경찰관리의 직무를 수행할 자와 그 직무 범위에 관한 법률 제7조 제2항에 따르면, 기장과 객실승무원은 항공기 안에서 발생하는 범죄에 대해 사법경찰관 및 사법경찰리의 직무를 수행할 수 있다. 이 법률에 따라 사법경찰리의 직무를 행하는 자를 '특별사법경찰리'라고 하며, 객실승무원은 특별사법경찰리로서 기내에서 발생하는 범인과 범죄 사실을 수사하고 이에 관한 증거를 수집한다(특별사법경찰관리 집무규칙 제1조).

① 대상 및 자격

객실승무원 중 기장의 지명을 받은 자는 특별사법경찰리로서의 역할을 수행할 수 있다.

② 권한 및 책임

특별사법경찰리로 지명된 객실승무원은 기내 불법 방해행위를 한 범인을 체포 및 구금할 수 있다. 또한 적법한 절차에 따라 증거 수집, 목격자 확보, 관련 서류(현행 범인 체포서, 확인서, 진술서) 작성 등의 직무를 수행한다.

(4) 항공기내보안요원으로서 객실승무원의 직무

항공기내보안요원은 기내 불법 방해행위를 방지하는 직무를 담당하는 사법경찰관리 또는 그 직무를 위해 항공운송 사업자가 지명하는 사람을 말한다(항공보안법 제2조 제7항).

① 대상 및 자격

항공기내보안요원은 국토교통부에서 임명하며, 2년 이상의 선임 객실승무원 또는 객실승무원 경력을 갖춘 자로서 정신적으로 안정되고 성숙한 사람 중에서 선발한다.

② 권한 및 책임

항공기내보안요원은 항공기 테러를 비롯한 기내 불법 방해행위에 대응하고 항공기 내의 전반적인 보인을 담딩한다.

- 승객 탑승 전 항공기 객실 내 보안 점검 및 수색
- 최초 출발 공항 또는 중간 경유지 공항에서 항공기에 탑승하는 승객 또는 재탑승하는 승객과 휴대 수하물에 대해 의심스러운 경우 수색 및 점검
- 운항 중 항공기 객실 내 보안 순찰

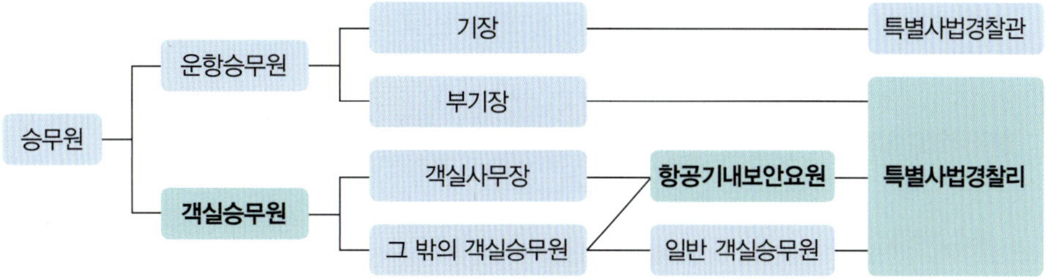

객실승무원의 법적 지위

- 운항 중 및 경유지에 있는 동안의 객실 내 보안 감독
- 항공기 불법 점거 또는 파괴 행위 제지
- 객실에서 폭발 의심 물체가 발견된 경우 최소 위험 폭발물 위치 사용 절차에 따른 수행
- 불법행위 발생 시 녹화 실시 및 불법행위 승객을 도착 공항 경찰관서에 인도
- 승객의 안전 및 항공기 보안에 필요한 기타 사항

항공기내보안요원과 특별사법경찰리 비교

비교	항공기내보안요원	특별사법경찰리
대상	객실승무원 중 임명	기장의 지명을 받은 객실승무원
권한	기내 보안, 일반 경찰(범죄 예방)	특별사법경찰(수사, 증거 수집 등)
탑승 정원	최소 1명 이상	항공기에 탑승한 모든 객실승무원
주요 임무	항공기 테러 방지, 기내 보안 업무 수행	특별사법경찰리의 직무

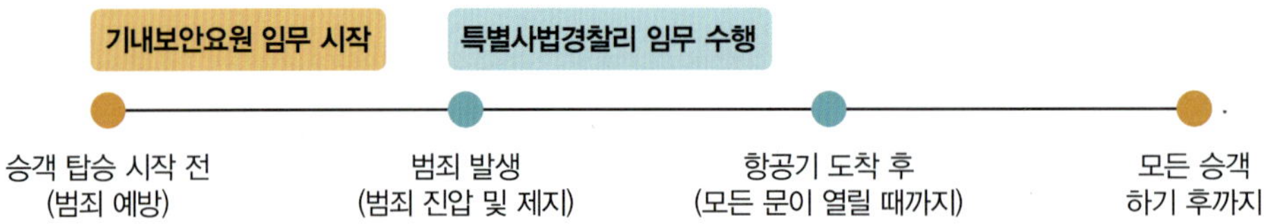

항공기내보안요원과 특별사법경찰리의 직무 범위

항공보안 업무 종사자

항공안전감독관	항공기 감항 또는 운항 분야의 인가·증명·승인 또는 항공안전 저해 요소를 제거하는 안전 활동을 수행하는 자(항공안전감독관 업무 규정)
항공보안감독관	공항 운영자, 항공운송 사업자 등에 대한 현장 조사, 보안 평가, 보안 점검, 불시 평가 등의 점검 활동 등 항공안전 및 보안에 관한 점검 업무를 수행하는 자(항공보안감독관 업무 규정)
항공보안검색요원	승객, 휴대 물품, 위탁 수하물, 항공 화물 또는 보호구역에 출입하려고 하는 사람 등에 대해 보안 검색을 하는 자(항공보안법 제2조)
항공경비요원	공항, 공항시설, 항공사의 중요 시설, 항공기 등을 보호하고 보호구역의 출입을 통제하며 신원을 확인하는 자

4) 보안 문화

국제민간항공협약에 따르면, '보안 문화(security culture)'는 조직의 일상적인 운영에 내재된 일련의 보안 관련 규범, 가치, 태도, 가정으로 정의되어 있다. 보안의 위협은 테러리스트와 범죄자뿐만 아니라 내부자에 의해서도 발생할 수 있다. 항공보안은 보안 통제 담당자만의 책임이 아니라 승객 및 항공보안과 관련된 모두의 책임이라는 것을 인식하고 보안 의식을 강화해야 한다. 또한 객실승무원은 사내 보안 정책 및 지침을 준수하고 관련 교육을 의무적으로 받으며, 일상 업무 중 의심스러운 행동을 발견하면 보고 및 신고하여 보안 실패를 예방해야 한다. 특히 조직 내 긍정적인 보안 문화를 조성하는 것이 무엇보다 중요하다.

정리해보기

항공보안 관련 사고 사례와 객실승무원의 항공보안 활동을 조사하고 느낀 점을 정리하시오.

CHAPTER 2

항공기 일반

GENERAL INFORMATION OF AIRCRAFT

많은 나라의 신화에는 인간이 하늘을 나는 이야기가 담겨 있다. 이를 통해서도 알 수 있듯이 인간은 오랜 옛날부터 하늘을 나는 것을 꿈꾸었다. 그리스 신화에 등장하는 이카로스는 이러한 인간의 욕망을 잘 보여준다.

이카로스와 그 아버지인 다이달로스는 미궁에 갇히게 되었는데, 다이달로스가 새의 깃털과 밀랍으로 날개를 만들어 붙이고 이카로스와 함께 탈출했다. 그러나 이카로스는 하늘 높이 올라가지 말라는 아버지의 경고를 잊고 높이 날아올랐다가 태양열에 밀랍이 녹아 에게해에 떨어져 죽었다. 이 신화에서 비롯된 '이카로스의 날개'는 미지의 세계인 하늘에 대한 인간의 동경을 상징한다.

DEA PICTURE LIBRARY/De Agostini/Getty Images

과거에 하늘을 날려고 시도하다가 크게 다치거나 죽음에 이른 경우가 많았으나 이러한 도전과 노력 덕분에 오늘날 인간은 하늘을 날 수 있게 되었다. 이 장에서는 인간이 비행에 성공하기까지의 역사와 공을 세운 인물에 대해 알아보고 항공기와 비행 원리를 설명한다.

01 비행의 역사

오랜 옛날에는 새가 나는 원리 또는 기체 등을 이용하여 하늘을 날려고 시도한 사람들이 있었다. 그러나 그렇게 해서는 많은 사람을 수송할 수 없다는 것을 깨닫고 자체 동력 및 고정식 날개의 필요성 등을 느끼게 되었다. 이에 발명과 개발을 거듭하여 오늘날의 비행기와 유사한 원리로 하늘을 날기에 이르렀다.

생각해보기 인간은 어떤 과정을 거쳐 하늘을 날게 되었는가?

1) 비행을 시도한 인물

참고영상

(1) 레오나르도 다빈치

이탈리아의 천재적 미술가·과학자·기술자·사상가인 레오나르도 다빈치(Leonardo da Vinci, 1452~1519년)는 새를 과학적으로 관찰하여 공중에 뜨는 힘과

공기 저항을 연구했다. 새가 날갯짓을 하는 원리를 인간에게 적용하면 새처럼 하늘을 날 수 있을 것이라고 생각했던 것이다. 이러한 생각을 실행에 옮긴 다빈치는 새처럼 날개를 퍼덕여서 작동하는 오니소프터(ornithopter, 날개치기 비행기)를 설계하고 모형을 만들어 실험했다.

Science & Society Picture Library/Getty Images

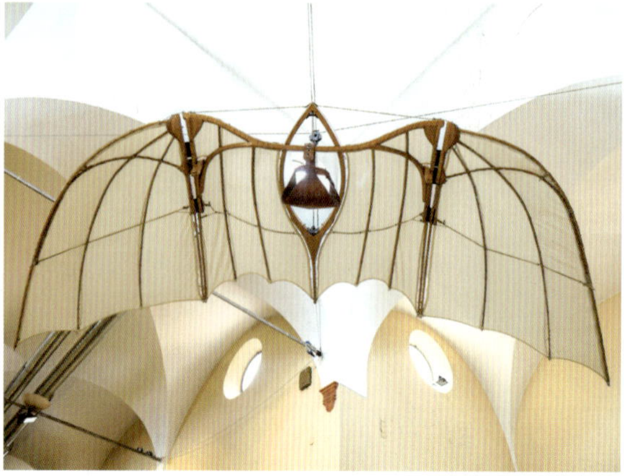

Viktor Gladkov/Shutterstock.com

(2) 몽골피에 형제

프랑스의 발명가인 조제프미셸 몽골피에(Joseph-Michel Montgolfier, 1740~1810년)는 불을 피울 때의 연기로 종이가 떠오르는 것을 보고는 큰 천 속에 불을 피워 연기를 채운다면 사람도 하늘로 떠오를 수 있을 것이라고 생각했다. 이에 그는 동생인 자크에티엔 몽골피에(Jacques-Étienne Montgolfier, 1745~1799년)와 함께 열기구를 개발하여 1783년에 최초의 유인 비행을 시도했다. 이때 양털과 짚을 태운 열기를 이륙 동력으로 이용했으며, 물리학자인 장프랑수아 필라트르 드로지에(Jean-François Pilâtre de Rozier)와 육군 장교인 프랑수아 로랑 다를랑드(François Laurent d'Arlandes)가 이 열기구를 타고 약 500m 높이로 8km를 25분간 비행했다.

DEA/G. NIMATALLAH/De Agostini/Getty Images

Science & Society Picture Library/Getty Images

같은 해에 프랑스의 물리학자인 자크 샤를(Jacques Charles, 1746~1823년)은 몽골피에 형제의 열기구와 달리 수소를 이용하여 열기구를 파리 상공에 띄웠다. 하지만 이러한 열기구는 바람이나 공기의 흐름에 따라 이동할 수밖에 없기 때문에 샤를은 인간이 조종할 수 있는 동력을 연구했다. 기체의 성질을 연구하던 샤를은 1787년에 '압력이 일정할 때 기체의 부피는 절대온도에 비례한다'는 '샤를의 법칙'을 발견했다.

(3) 앙리 지파르

프랑스의 공학자인 앙리 지파르(Henri Giffard, 1825~1882년)는 럭비공 모양의 기체 비행선에 동력 장치를 장착한 최초의 동력 비행선을 발명했다. 길이가 44m, 직경이 12m인 이 비행선에는 사람이 탈 수 있는 공간이 있었으며, 프로펠러가 달린 증기 기관으로 구동되었다. 1852년에 지파르는 세계 최초로 승객을 태우고 파리에서 엘랑쿠르까지 27km를 이동했다.

Apic/Hulton Archive/Getty Images

Photo12/Universal Images Group/Getty Images

2) 비행기의 개발

(1) 조지 케일리 경

영국의 발명가인 조지 케일리 경(Sir George Cayley, 1773~1857년)은 1799년에 최초의 모형 글라이더 구조를 설계하고, 1804년에는 최초로 모형 글라이더를 날렸다. 또한 1809~1810년에 작성한 공중 비행에 대한 논문을 통해 기계적 방식에 의한 비행 가능성을 발표했으며, 오늘날의 양력 발생 이론과 거의 동일한 내용으로 양력과 항력의 원리를 설명했다. 그 후 1849년에 오늘날의 비행기와 같은 형태의 3겹 날개 글라이더를 제작했는데, 이는 근대적 비행 이론에 지대한 영향을 미쳤다. 이러한 이유로 조지 케일리 경은 비행의 아버지로 일컬어진다.

Science & Society Picture Library/Getty Images

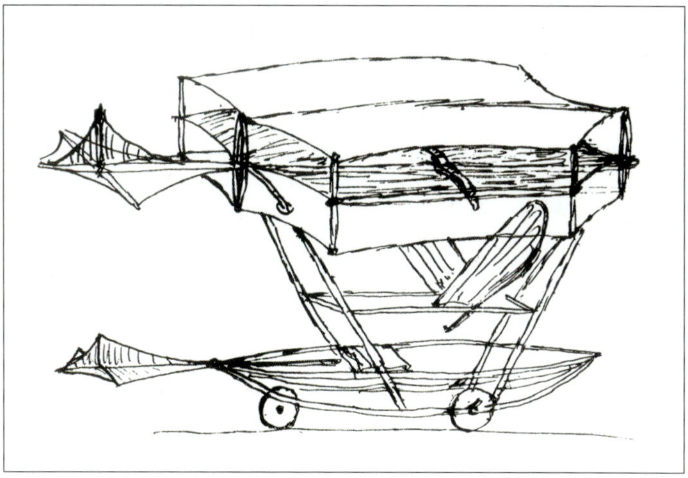

Science & Society Picture Library/Getty Images

(2) 오토 릴리엔탈

오토 릴리엔탈(Otto Lilienthal, 1848~1896년)은 라이트 형제에게 가장 큰 영향을 준 인물로, 조지 케일리 경의 양력 이론을 바탕으로 글라이더를 만들어 실제로 하늘을 날 수 있다는 것을 보여주었다. 그는 1891년에 공기 역학을 응용하여 개발한 글라이더로 비행에 성공했으며, 동력의 필요성을 깨닫고 엔진을 개발하려고 했다. 그러나 글라이더로 비행 실험을 하다가 강풍을 만나 추락하여 사망함으로써 연구가 중단되고 말았다.

Hulton Archive/Getty Images

ullstein bild Dtl./ullstein bild/ Getty Images

(3) 라이트 형제

라이트 형제로 잘 알려진 윌버 라이트(Wilbur Wright, 1867~1912년)와 오빌 라이트(Orville Wright, 1871~1948년)는 오늘날과 같은 개념의 동력 비행을 최초로 성공시킨 인물이다. 이들은 과거 개발자들의 연구와 경험, 데이터 등을 토대로 연구·분석하여 1900년에 글라이더로 시험 비행을 했다. 이때 비행을 하는 데에는 날개, 엔진, 조종 기술이 중요하다는 것을 깨닫고 이를 집중적으로 연구했다.

라이트 형제는 3년간 시행착오를 거친 끝에 1903년 12월 17일 최초의 동력 비행기인 플라이어(Flyer) 1호를 하늘에 띄우는 데 성공했다. 이는 12초간의 짧은 비행이었으나, 바람의 도움 없이 자체 동력으로 비행한 역사적인 사건이었다. 그 후 균형과 안정성을 높이기 위해 동체의 길이를 늘린 플라이어 3호는 약 38분간 40km를 비행하여 비행 역사의 새로운 시작을 알렸다. 한편 라이트 형제는 항공기 조종에 대한 특허권을 취득했는데, 이는 현대 고정익 항공기의 기본적인 조종 방식이다.

Science & Society Picture Library/Getty Images

Donaldson Collection/Michael Ochs Archives/Getty Images

(4) 페르디난트 폰체펠린

페르디난트 폰체펠린(Ferdinand von Zeppelin, 1838~1917년)은 독일의 발명가이자 군인으로, 1900년에 알루미늄 골격의 대형 비행선을 제작했다. 체펠린과 후고 에케너(Hugo Eckener)가 함께 개발한 이 경식 비행선은 체펠린 비행선으로 불리며, 넓은 내부 공간이 화려하게 꾸며졌다. 1909년에 체펠린과 에케너는 최초의 항공사인 독일비행선운수주식회사(Deutsche Luftschiffahrts-Aktiengesellschaft, DELAG)를 세우고 민간인 여객을 대상으로 운송을 시작했다. 체펠린 비행선은 제1차 세계대전 때 폭격과 정찰 용도로도 이용되었다.

brandstaetter images/Hulton Archive/Getty Images

The Print Collector/Hulton Archive/Getty Images

The Print Collector/Hulton Archive/Getty Images

3) 비행기의 발전

앞서 소개한 선구자들의 체계적인 연구와 노력 덕분에 인류는 드디어 하늘을 나는 꿈을 실현하게 되었다. 글라이더의 동력 비행이 성공함에 따라 엔진이 급속도로 발전했으며, 이 무렵 제1차 세계대전이 발발하여 비행기가 전쟁의 도구로 활용되었다. 전쟁은 끔찍한 일이지만 제1차 세계대전은 비행기가 발전하는 데 큰 계기가 되었고, 두 차례의 세계대전을 거치면서 비행기와 항법 기술이 매우 발달했다.

(1) 전쟁의 도구

① 제1차 세계대전(1914~1918년)

- 전쟁 초기에는 비행기를 정찰용으로 사용했다.
- 최초의 전투기에서는 조종사가 폭탄을 소지하고 있다가 직접 투하했다.
- 비행기에 기관총을 장착함으로써 비행기가 전투용으로 활용되었다.
- 항공 기술이 산업과 전투에 큰 영향을 미친다는 것을 인식하게 되었다.
- 제1차 세계대전 동안 비행기가 정찰 및 전투에 필수 불가결한 무기가 됨으로써 항공 기술이 비약적으로 발전했다.

② 제2차 세계대전(1939~1945년)

- 무기 체계의 하나가 된 비행기는 전쟁을 통해 급격히 발전했다.
- 전쟁을 통해 비행기의 성능이 크게 향상되어 실용화의 초석을 다졌다.
- 제2차 세계대전이 끝난 후 각국은 초음속 비행기의 개발에 나섰다.

(2) 린드버그의 대서양 횡단

제1차 세계대전이 종식될 무렵 선진국은 비행기의 상업화에 관심을 가지게 되어 1920년경 미국에는 약 10개의 항공사가, 유럽에는 약 20여 개의 항공사가 들어섰다. 초창기에는 비행기의 안전에 대한 두려움, 항공사의 경영 사정 등으로 어려움이 컸으나 비행기 상용화를 위한 도전은 멈추지 않았다.

대표적인 예로, 1927년 5월 20일에 찰스 린드버그(Charles Lindbergh)는 '스피릿 오브 세인트루이스(Spirit of St. Louis)'라는 작고 가벼운 비행기를 타고 뉴욕의 롱

아일랜드를 출발하여 33시간 30분 만에 파리 르부르제공항에 도착했다. 이는 도중에 착륙하지 않고 단번에 대서양을 횡단한 최초의 비행으로, 불필요한 물품을 줄여 비행기의 무게를 가볍게 한 것이 주요한 성공 요인이었다. 이를 보고 세상은 깜짝 놀랐고 린드버그는 국민 영웅이 되었다. 이후 비행기를 이용하려는 사람이 크게 늘어나 여객용 비행기의 발전과 장거리 항공 수송의 기틀이 마련되었다.

New York Times Co./Archive Photos/Getty Images

(3) 제트 여객기

1937년에 영국의 기술자이자 공군 장교인 프랭크 휘틀 경(Sir Frank Whittle, 1907~1996년)이 세계 최초로 제트 엔진을 발명한 데 이어, 1939년에는 독일의 발명가인 한스 폰오하인(Hans von Ohain, 1911~1998년)이 제트 엔진을 장착한 제트기를 개발했다. 그리고 1946년에 최초로 제트 엔진을 장착한 여객기인 코멧 1호가 시험 비행에 성공한 이후, 1952년에 보잉707이 승객 36명을 태우고 런던-요하네스버그 노선에 첫 취항했다. 또한 1958년에는 보잉747이 뉴욕-런던 노선에 취항하는 등 여객기가 교통수단으로 한몫을 하게 되었다. 이처럼 제트 엔진의 발명 및 발전은 항공 산업에 지대한 영향을 미쳤으며, 미국의 보잉(Boeing)과 유럽연합의 에어버스(Airbus)는 오늘날 제트 여객기를 생산하는 양대 산맥이다.

(4) 초음속 여객기

초음속 비행은 비행기가 음속보다 더 빠르게 이동하는 것을 말한다. 일반적인 비행기는 순항 고도에서 시속 약 900km로 비행하지만 초음속 비행기는 음속(시속 1,224km)을 넘어서는 속도로 비행할 수 있다. 1976년에 영국과 프랑스가 합작하여 내놓은 콩코드는 최초의 초음속 여객기로서 시속 약 2,158km로 운항하여 뉴욕-런던 구간을 이동하는 데 약 3시간밖에 걸리지 않았다. 그러나 2000년 파리 공항에서 이륙한 지 3분 만에 추락하여 탑승자 전원이 사망하는 등 안전성 문제가 있고 소음이 엄청나 상용화에 실패했다. 초음속 여객기는 고비용, 소음, 안전성 등의 문제로 2003년에 시장에서 퇴출되었으나 몇몇 기업은 초음속 여객기의 상용화를 위해 노력하고 있다.

Bettmann/Getty Images

(5) 로켓과 우주 왕복선

하늘을 나는 꿈을 실현한 인간은 더 나아가 우주여행을 꿈꾸기에 이르렀다. 1950년대부터 미국과 러시아는 우주 발사체 기술을 개발했으며, 이후 일본과 인도 등도 인공위성과 우주 탐사선 등 우주 개발을 추진했다. 우리나라는 2013년 1월 30일에 우주 발사체 나로호를 쏘아올려 인공위성을 저궤도(150~300km)에 진입시킴으로써, 세계에서 열한 번째로 우주 발사체를 성공적으로 발사한 국가에 이름을 올렸다. 나로호는 우주 발사체를 우리나라 기술로 개발하고 인공위성 발사의 기본 인프라를 확보하는 등 우리나라의 우주 시대를 여는 포문이라는 데 큰 의의가 있다.

Handout/Getty Images News/Getty Images

Photo Atrium/Shutterstock.com

(6) 탄소 중립 시대의 항공기

오늘날에는 하루에만 2만 대 이상의 항공기가 하늘을 날고 있다. 현대의 항공기는 기계·전자 등 첨단 IT 기술이 융합된 복합체로서 과거에 비해 동체가 가벼워지고 연비가 개선되었다. 또한 탄소 중립 시대에 대비하여 항공기는 친환경 교통수단으로 재도약하고 있다. 대부분의 항공기 제작사와 항공사는 ESG(environmental, social and governance) 경영 차원에서 탄소 배출 저감 효과가 큰 차세대 항공기의 제작 및 도입에 노력하고 있다. 그리고 기후 변화에 대응하기 위해 친환경 항공유인 지속가능 항공유(sustainable aviation fuel, SAF)를 사용하려고 한다. 유럽연합의 경우 2025년부터 유럽연합에서 이륙하는 모든 항공기의 지속가능 항공유 사용을 의무화하는 법안을 최종 합의했다.

4) 미래의 도심 항공교통

하늘을 날며 도시를 오가는 자동차가 가까운 미래에 실현될 것으로 예상된다. 새로운 개념의 항공운송 수단 중 '도심 항공교통(urban air mobility, UAM)'은 대도시의 지상 교통 혼잡 문제를 해결할 수 있는 차세대 도심 교통 시스템으로 주목받고 있다. 이는 수직 이착륙(electric vertical take off and landing, eVTOL)이 가능한 전기 동력 비행체를 활용하여 도시 권역(30~50km)을 이동하는 것으로, 에어택시라고도 불린다. 현재 세계 각국에서 도심 항공교통을 개발 중이며, 미국 등 일부 국가에서는 이미 운영하고 있다.

ANTHONY WALLACE/AFP/Getty Images

ROBYN BECK/AFP/Getty Images

우리나라는 2025년 상용화를 목표로 기체, 인프라, 기술, 법적 지원 등을 위해 노력하고 있다. 국토교통부의 자료에 따르면 우리나라의 도심 항공교통은 다음과 같이 운영될 예정이다.

- 초창기에는 조종사가 조종하고, 이후 안전성이 충분히 확보되면 자율 주행을 추진한다.
- 기존 활주로에서 이착륙하는 방식이 아니라 전기 추진 수직 이착륙이 가능한 기체(5인승 이하)를 개발한다.
- 수직 이착륙 비행장인 버티포트(vertiport)를 구축한다.

정리해보기

비행기를 개발하기까지의 과정에서 중요한 역사적 사건을 조사하고 느낀 점을 정리하시오.

02 항공기

항공안전법 제2조에 따르면 항공기는 공기의 반작용으로 뜰 수 있는 기기로서 최대 이륙 중량, 좌석 수 등 국토교통부령으로 정하는 기준에 해당하는 비행기(고정익), 헬리콥터, 비행선, 활공기(滑空機)와 그 밖에 대통령령으로 정하는 기기(① 최대 이륙 중량, 좌석 수, 속도 또는 자체 중량 등이 국토교통부령으로 정하는 기준을 초과하는 기기, ② 지구 대기권 내외를 비행할 수 있는 항공우주선)를 말한다.

생각해보기 항공기는 어떻게 분류되고, 다양한 여객기는 각각 어떤 특징을 가지고 있는가?

1) 항공기의 분류

항공기는 다음과 같이 비행기, 비행선, 활공기, 회전익 항공기, 항공우주선으로 구분되며, 각각은 국제민간항공기구(ICAO)의 안전 기준을 따라야 한다.

구분	종류	설명	사진
항공기	비행기	엔진에 의해 추진력이 발생하고 날개에 대한 공기의 반작용으로 양력을 얻는 고정익 항공기	
	비행선	엔진에 의해 추진력이 발생하고 주로 헬륨 가스 등에 의해 공중 부양하는 항공기	
	활공기	엔진 없이 항공기 또는 자동차로 견인하여 공중 부양하고 기류를 이용하는 고정익 항공기	
	헬리콥터	로터블레이드(회전날개)에 의한 공기의 반작용으로 부양하는 항공기	
	항공 우주선	지구 대기권 내외를 비행할 수 있는 비행체	

YueStock/Shutterstock.com

Aerovista Luchtfotografie/Shutterstock.com

2) 항공기 제조사

(1) 보잉

보잉은 미국의 항공기 제작사 및 방위사업체로, 윌리엄 보잉(William Boeing)이 1916년에 퍼시픽에어로프로덕츠(Pacific Aero Products Company)를 설립했다가 1917년에 보잉(The Boeing Company)으로 이름을 바꾸었다. 처음에는 군용기와 화물기를 주로 제작했으나, 1957년 승객 100여 명을 수송할 수 있는 보잉

707을 제작하여 여객기 분야의 선두 주자가 되었다. 세계 최대 항공기 제작사인 보잉은 민간 항공기 업계에서 가장 큰 비중을 차지하며, 우리나라 항공사는 50여 년 전부터 보잉의 항공기를 도입해왔다. 보잉은 B737, B747, B767, B777, B787(Dreamliner) 등을 보유하고 있으며, 대표적인 기종의 특징은 다음과 같다.

① B787

- **장착 좌석 수**: 약 269석
- **최대 운항 거리**: 약 12,592km
- **최대 운항 시간**: 약 10시간 30분 이상
- **순항 속도**: 약 912km/hr
- 최첨단·최신 기술의 차세대 민간 항공기로 획기적인 실내 디자인, 쾌적한 실내 공간, 우수한 연료 효율성, 첨단 운항 기술 도입 등이 특징적이다.
- 신소재로 동체를 제작하여 내구성을 향상하고, 소음이 적고 친환경적인 엔진을 장착했다.
- 실내 압력과 습도를 적절히 조절할 수 있어 쾌적하다.

Carlos Yudica/Shutterstock.com

② B777

- **장착 좌석 수**: 약 370석 이상
- **최대 운항 거리**: 약 9,400km
- **최대 운항 시간**: 약 10시간 30분 이상
- **순항 속도**: 약 900km/hr

Markus Mainka/Shutterstock.com

③ B737

- **장착 좌석 수**: 약 190석
- **최대 운항 거리**: 약 3,800km
- **최대 운항 시간**: 약 6시간 이상
- **순항 속도**: 약 850km/hr

Markus Mainka/Shutterstock.com

(2) 에어버스

에어버스는 유럽연합의 항공기 제작사로, 보잉과 함께 민간 여객기 시장을 양분하고 있다. 전신은 1970년에 탄생한 유럽 항공사들의 컨소시엄인 에르뷔스앵뒤스트리(Airbus Industrie)이며, 2001년에 에어버스로 이름을 바꾸었다. 1974년에 A300을 개발하면서 보잉과 어깨를 나란히 하는 항공기 제작사로 발돋움했으며, 우리나라는 1988년부터 에어버스의 항공기를 도입했다. 에어버스는 A320, A330, A340, A350, A380, A220 등을 보유하고 있으며, 대표적인 기종의 특징은 다음과 같다.

① A380

- **장착 좌석 수**: 약 500~800석
- **최대 운항 거리**: 약 13,473km 이상
- **최대 운항 시간**: 약 14시간 이상
- **순항 속도**: 약 912km/hr
- 장거리용 다발(엔진 4개) 초대형 여객기로 민간 항공기 중에서 가장 규모가 크며, 최첨단 기술을 도입하여 안전성과 효율성이 우수하다.
- 획기적인 실내 디자인과 완전 복층 구조로 하늘의 호텔이라고도 불린다.

kamilpetran/Shutterstock.com

② A330

- **장착 좌석 수**: 약 300석
- **최대 운항 거리**: 약 11,795km 이상
- **순항 속도**: 약 879km/hr
- 중·장거리용 다발(엔진 2개) 여객기로, 연비가 뛰어나 많은 항공사가 운용하고 있다.

Markus Mainka/Shutterstock.com

3) 항공기의 기종과 버전

B747, B777, A330, A380 등은 항공기의 기종을 말하며, 항공사는 항공기를 도입할 때 자사의 경영 목표, 운항 계획, 마케팅 전략 등에 따라 내부 구조를 변경하기도 한다. 또한 같은 기종이라도 크기, 객실 내부 구조, 좌석 수 등이 다르면 버전으로 구분되는데, 예를 들어 B737의 경우 B737-600(130석), B737-700(140석), B737-800(175석), B737-900(215석)과 같은 버전이 있다.

4) 항공기의 제원과 성능

- **전장**: 항공기 노즈에서 꼬리날개 끝까지의 길이

- **전폭**: 항공기 양 날개 끝까지의 길이
- **전고**: 지상에서 항공기의 가장 높은 부분까지의 길이
- **최대 운항 거리**: 항공기가 최대로 운항할 수 있는 거리
- **순항 속도**: 항공기가 항로상에서 순항하는 속도

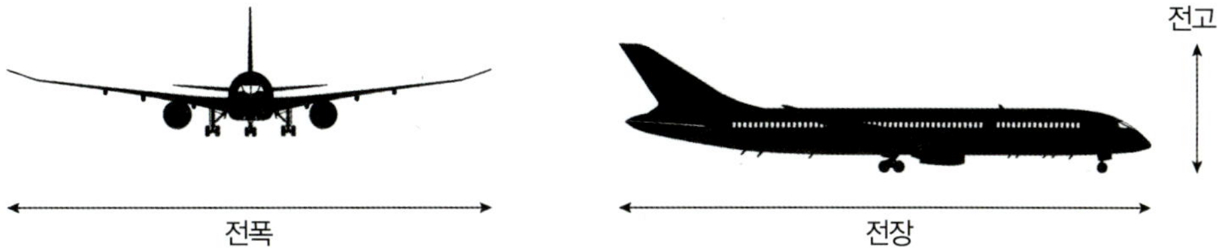

5) 항공기 등록 기호

국제민간항공기구(ICAO)에 속한 나라의 민간 항공기를 인식하기 위한 개별 기체 인식 기호이다. 항공기 등록 기호는 영어 알파벳과 숫자를 조합하여 표기하며, 우리나라는 HL, 미국은 N, 일본은 JA, 중화인민공화국은 B, 독일은 D, 영국은 G로 나타낸다. 예를 들어 HL7401이라는 항공기 등록 기호에서 첫 번째 숫자는 항공기를 나타내는데, 7은 제트 엔진을 의미한다. 또한 두 번째 숫자인 4는 엔진의 개수를 의미하고, 나머지 숫자는 일련번호이다.

H L	7	4	0 1
국적	**항공기 구분**	**엔진의 개수**	**일련번호**
HL: 한국 JA: 일본 P: 북한 N: 미국 G: 영국 C: 캐나다 D: 독일	1, 2: 피스톤 엔진 3, 4, 5: 터보프롭 엔진 7, 8: 제트 엔진 6: 피스톤 엔진 헬리콥터 9: 터보 엔진 헬리콥터	1: 1개 0, 2, 5, 7, 8: 2개 4, 6: 4개	등록 순서

정리해보기

항공기를 분류하고, 보잉과 에어버스에서 제작되는 다양한 여객기의 특징을 조사하여 정리하시오.

03 비행 원리

항공기에 작용하는 힘은 양력(lift), 중력(weight), 항력(drag), 추력(thrust)이다. 양력은 물체를 아래에서 위로 뜨게 하는 힘, 중력은 물체를 지상으로 당기는 힘, 항력은 물체를 뒤로 당기는 힘, 추력은 물체를 앞으로 가게 하는 힘이다. 이 네 가지 힘 중에서 양력이 중력보다 크면 물체가 위로 뜨게 된다.

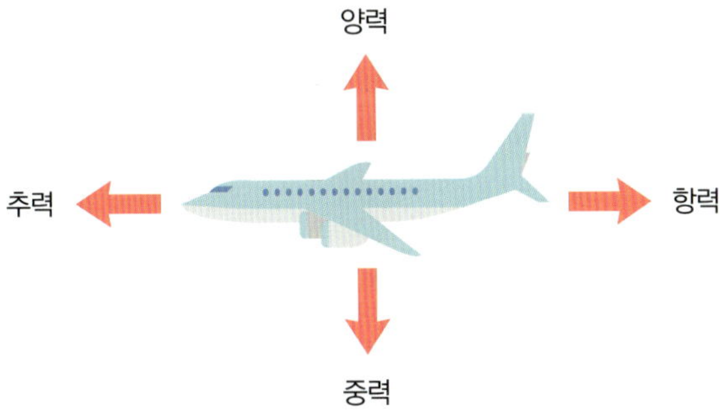

생각해보기 항공기는 어떤 원리로 공중에 떠서 비행하는가?

1) 양력 발생 원리

항공기의 날개는 아래 그림과 같이 평평하지 않고 길쭉한 타원형이며, 위쪽과 아래쪽의 모양이 다르다. 베르누이의 정리에 따르면 속도와 압력은 반비례하며, 공기의 흐름이 갑자기 바뀌어 속도가 변하면 압력에도 변화가 생긴다. 항공기의 날개에 이를 적용하면, 속도가 높아진 날개 위쪽 단면 주위는 압력이 낮아지고, 속도가 낮아진 날개 아래쪽 단면 주위는 압력이 높아진다. 압력은 높은 곳에서 낮은 곳으로 작용하므로, 압력이 높은 날개 아래쪽에서 압력이 낮은 날개 위쪽으로 힘이 작용함으로써 전체적으로 날개 위쪽 방향으로 양력이 발생하여 항공기가 위로 뜨게 된다.

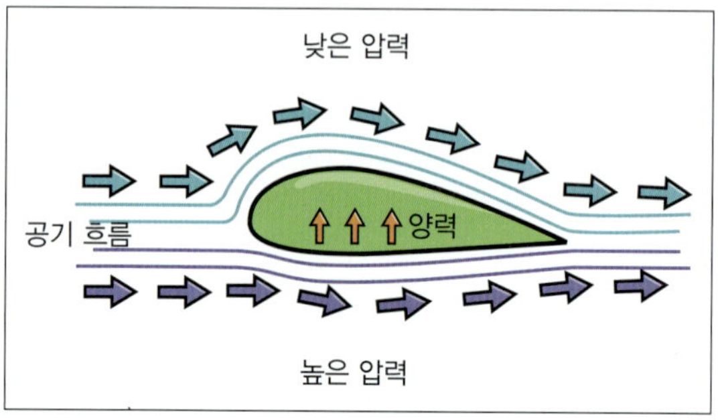

2) 비행 운동

(1) 상하 운동

- 상하 운동(pitching)에는 수평 꼬리날개의 엘리베이터(승강타)가 주요한 역할을 한다.
- 고도를 낮추거나 높일 때, 즉 이착륙 시 주로 작용한다.

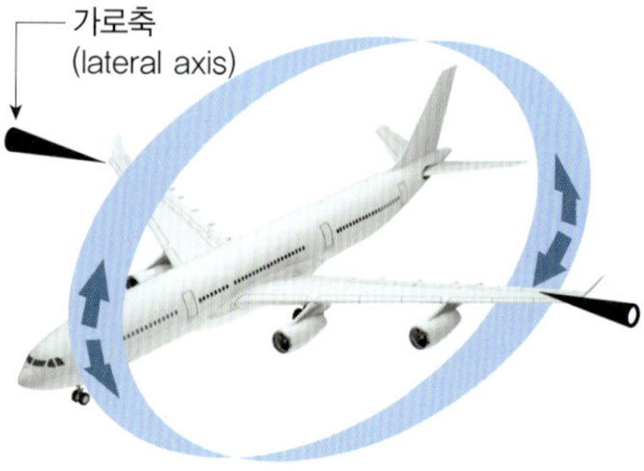

sockagphoto/Shutterstock.com

(2) 좌우 운동

- 수직 꼬리날개의 러더(방향타)가 좌우 운동(yawing)을 담당한다.
- 좌우 방향을 전환할 때 작용한다.

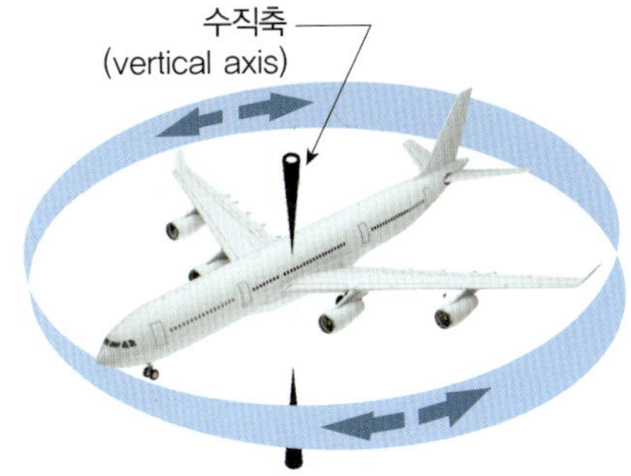

(3) 선회 운동

- 주날개 부분의 에일러론이 선회 운동(rolling)을 담당한다.
- 방향을 전환하거나 중심을 이동할 때 작용한다.

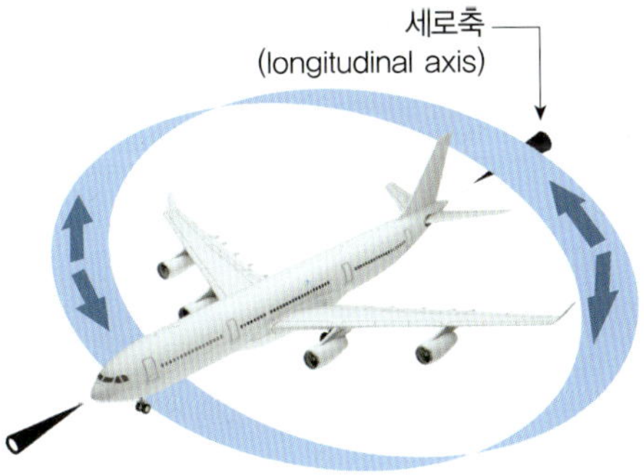

정리해보기

항공기의 비행 원리를 정리하시오.

CHAPTER **3**

항공기의 외부 구조

EXTERNAL STRUCTURE OF AIRCRAFT

vaalaa/Shutterstock.com

01 동체

항공기의 동체(fuselage)는 몸통 또는 본체 구조물로서 조종실(cockpit), 객실(cabin), 화물칸(cargo compartment)으로 이루어져 있다. 동체는 위아래 공간이 구분되어 있으며, 위쪽은 승객이 탑승하는 객실로, 아래쪽은 화물칸으로 이용된다. 또한 동체의 최전방에는 조종실이 있다. 초기에는 동체를 만드는 데 나무를 주로 사용하다 알루미늄을 거쳐 오늘날에는 탄소 저감 소재 등 복합 재료로 제작한다.

EQRoy/Shutterstock.com

02 날개

항공기의 동체와 연결된 날개는 항공기를 공중으로 띄워 비행할 수 있는 힘을 만들어내는 주요 구조물이다.

참고영상

1) 주날개

(1) 플랩

저속에서 양력을 증대하기 위해 날개의 면적과 받음각(angle of attack)을 증가시키는 고양력 장치를 통틀어 플랩(flap)이라고 한다. 플랩을 이용하여 이착륙 시 저속에서도 많은 양력을 얻음으로써 이착륙을 위한 활주 거리를 줄일 수 있다.

Felix Mizioznikov/Shutterstock.com

(2) 스포일러

항공기의 주날개에는 양력을 증가시키는 장치뿐만 아니라 감소시키는 장치도 달려 있는데, 이러한 감속 장치를 스포일러(spoiler)라고 한다. 스포일러는 공중에서 급속히 하강할 때 주로 사용되며, 착륙 후 활주 시에는 공기 저항을 증가시키고 브레이크 효과를 높여 활주 거리를 줄여준다.

하강 시 양력 감소

착륙 시 감속

(3) 에일러론

주날개의 윙렛과 플랩 사이에 위치한 에일러론(aileron)은 방향을 바꾸는 역할을 한다. 선회하기 위해 조종간을 좌우로 움직이면 양 날개의 양력 차이로 인해 방향이 바뀐다.

(4) 윙렛

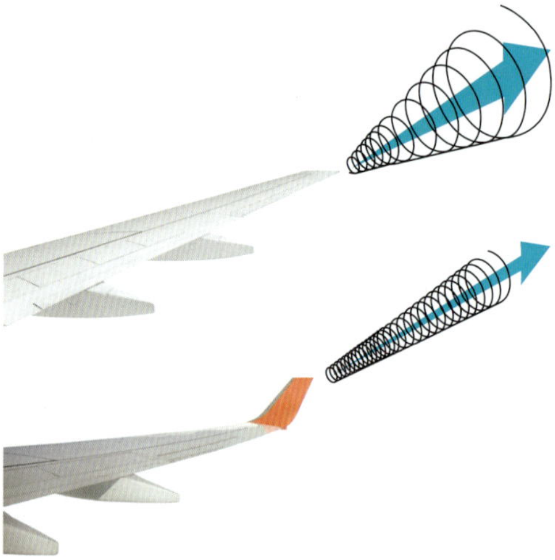

윙렛(winglet)은 주날개 끝에 수직 방향으로 달려 있는 작은 날개 모양 구조물로, 항공기에 따라 디자인이 다양하다. 운항 중인 항공기의 주날개 끝에는 공기 저항을 유발하는 소용돌이 현상이 발생하는데, 윙렛은 이를 줄여주는 역할을 한다. 소용돌이 현상이 줄어들면 공기 저항이 감소하여 연료를 덜 소모하기 때문에 항공기 운용의 경제성에 큰 도움이 된다.

Bradley Caslin/Shutterstock.com

항공기의 엔진을 가동하는 데 쓰이는 연료인 항공유는 동체와 날개 내부의 연료 탱크에 담기며, 주날개 안쪽에 연료 주입구가 있다. 항공유는 발화점이 높고 어는점이 낮다.

Andrei Goncharov/Shutterstock.com

항공 지식

B747-400에 연료를 얼마나 채울 수 있을까?

B747-400의 연료 탱크에 항공유를 가득 채우면 최대 216,840리터(57,283갤런)를 담을 수 있다. 이는 표준 용량(55갤런)의 드럼으로 치면 1,041드럼에 해당하고, 중형 승용차 3,000대 이상을 채울 수 있는 양이기도 하다.

B747-400의 연비를 자동차 연비 방식으로 나타내면 0.062km/L로, 리터당 62m를 비행하는 셈이다. 이러한 연비로 인천-뉴욕을 비행하는 경우 약 18만 리터(47,164갤런)를 소비하는데, 1갤런당 200센트라고 가정하면 약 1억 2,200만 원(환율 1,300원/달러 기준)에 달한다.

출처: 국토교통부 국토 교통 상식

2) 꼬리날개

(1) 러더(방향타)

수직 꼬리날개의 뒷부분에 달려 있는 러더(rudder)는 항공기의 수직축을 중심으로 기수를 좌우로 움직이는(빗놀이 운동) 역할을 한다.

(2) 엘리베이터(승강타)

수평꼬리 날개의 뒷부분에 달려 있는 엘리베이터(elevator)는 항공기의 가로축을 중심으로 기수를 상하로 움직이는(키놀이 운동) 역할을 한다. 예를 들어 항공기가 이륙할 때 기수를 올려 상승시키는 작용을 한다.

Karol Ciesluk/Shutterstock.com

03 동력 장치

1) 엔진

엔진은 항공기가 운항하는 데 동력을 공급하는 기관이며, 일반적으로 공기 유입구, 압축기, 연소실, 터빈, 샤프트, 후연기, 배기구 등으로 이루어져 있다. 항공기에는 1~4개의 엔진이 장착되는데, 엔진이 1개이면 단발기, 2개이면 쌍발기, 3개이면 삼발기, 4개이면 사발기라고 부르기도 한다. 엔진의 번호는 항공기 내부에서 조종실을 바라보는 시점에서 주날개의 왼쪽부터 순서대로 매긴다. 최근에는 엔진의 출력이 크게 향상되고 고장이 잘 나지 않는 등 기술이 발전하여 엔진이 2개인 항공기를 많이 개발하고 있다.

Angel DiBilio/Shutterstock.com

항공 지식

항공기는 엔진 하나로 날 수 있을까?

최근에 기술이 비약적으로 발전하여 엔진의 안전성과 효율성이 향상되었으며, 엔진 하나로도 운항할 수 있도록 항공기를 설계 및 제작하고 있다. 따라서 2개의 엔진 중 하나가 고장 나더라도 나머지 하나로 운항이 가능하다. 그러나 항공기에 따라 엔진 하나로 운항할 수 있는 시간이 정해져 있다. 항공기 운항 중 엔진에 문제가 발생하면 이러한 규정을 준수하여 비상 착륙 또는 착수, 회항 등을 해야 한다.

2) 보조 동력 장치

보조 동력 장치(auxiliary power unit, APU)는 항공기에 보조적인 동력을 공급하는 장치이며, 보통은 엔진에 시동을 걸거나 기내에 전기를 공급하는 데 사용된다. 일반적으로 항공기가 지상에 있을 때나 이착륙 도중, 즉 주엔진이 꺼져 있을 때 보조 동력 장치를 사용하며, 항공기가 순항 단계에 들어가면 연료 소모를 줄이기 위해 보조 동력 장치를 끈다. 보조 동력 장치가 꺼진 상태에서는 주엔진이 기내에 전기를 공급하는 역할을 맡는다.

dentorson / Shutterstock.com

항공 지식

버드 스트라이크란?

항공기와 조류가 충돌하는 것을 버드 스트라이크(bird strike)라고 하는데, 이는 경우에 따라 항공기에 큰 피해를 주기도 한다. 새 한 마리가 미치는 영향을 과소평가할 수도 있겠지만, 시속 370km로 상승 중인 항공기와 900g의 새 한 마리가 충돌했을 때 항공기가 받는 순간 충격은 4.8t이나 된다. 만약 엔진이나 조종면에 충돌한다면 심각한 문제가 발생할 수도 있다. 대표적인 예로, 2009년 1월 15일에 US에어웨이스의 여객기가 기러기 떼와 충돌하여 2개의 엔진이 모두 고장 나 허드슨강에 비상 착수했다. 이러한 사고로 인한 운항 차질, 승객의 불편, 후속 처리 비용을 고려하면 손실 규모는 어마어마하다. 따라서 전 세계의 공항은 항공기와 조류의 충돌을 방지하기 위해 조류 퇴치에 온갖 방법을 동원하고 있다.

3) 외부 동력 공급 장치

외부 동력 공급 장치(ground power unit, GPU)는 항공기가 지상에 주기할 때 엔진과 보조 동력 장치가 작동하지 않는 상태에서 항공기에 동력을 제공한다.

Longfin Media/Shutterstock.com

항공 지식

항공기가 주기 중일 때 주엔진을 사용하지 않는 이유는?

주기장에는 각종 중요 시설 및 설비가 있을 뿐만 아니라 다양한 지상 서비스 업무를 하는 지상 조업사도 많이 있다. 그런데 엔진을 가동하면 열, 소음, 바람 등이 발생하므로 일하는 사람들이 위험한 것은 물론이고 시설 및 설비에도 해가 될 수 있다. 따라서 주기된 항공기의 경우 안전을 위해 외부 동력 공급 장치로 전기를 공급한다.

참고영상

04 착륙 장치

착륙 장치, 즉 랜딩기어(landing gear)는 항공기 동체를 지지하는 구조물과 바퀴로 구성되며, 동체 가운데에 있는 것은 메인 랜딩기어(main landing gear), 동체 전방 하부에 있는 것은 노즈 랜딩기어(nose landing gear)라고 한다. 랜딩기어는 항공기의 방향 조절, 하중 지지, 충격 흡수, 제동 등의 기능을 하므로 이착륙 및 지상 이동 시에 사용된다.

항공기의 타이어는 이착륙 시 발생하는 순간적 충격과 고속, 고하중, 고열 등을 감당해야 하고, 이륙 후 랜딩기어를 접을 때 무리가 없어야 하므로, 튼튼하면서도 가볍고 작게 설계 및 제작된다. 타이어의 수명은 착륙 횟수로 결정되며, 보통은 250~350회 정도 이착륙한 뒤 교체한다. 항공기의 타이어는 안전과 직결되는 핵심 구성품 중 하나이므로 항공기가 착륙하면 정비사는 타이어의 적정 압력, 결함, 마모 상태 등을 점검한다. 참고로 타이어 내부에는 불활성 기체인 질소가 들어 있다.

Lukas Wunderlich/Shutterstock.com

항공 지식

항공기 타이어의 가격은?

승객과 연료를 실은 B747-400은 약 380t이 넘는다. 이렇게 무거운 항공기가 착륙할 때는 속도와 무게 등의 영향으로 최대 하중이 약 500t에 달한다. 따라서 항공기의 타이어는 특수 재질로 제작되며, 가격은 기종에 따라 다르지만 대략 5,000만 원 이상이다.

항공사고 사례

2019년 5월 12일, 미얀마의 양곤공항을 출발하여 만달레이공항으로 향하던 미얀마항공 여객기가 랜딩기어 고장으로 앞바퀴 없이 동체 착륙을 했다. 동체 착륙은 착륙 장치에 문제가 발생했을 때 항공기의 동체를 직접 활주로에 대어 착륙하는 방식이다. 해당 여객기에는 승객 82명과 승무원 7명이 타고 있었는데, 인명 피해 없이 모두 무사히 탈출했다.

STR/AFP/Getty Images

05 부속 장치

1) 레이다

기상 레이다(radar)는 구름이나 미세한 물방울에 반사 및 산란되어 돌아온 전파를 수신하여 구름의 상태를 관측하는 장비이다.

2) 브레이크

항공기의 제동 장치, 즉 브레이크(brake)는 지상 주행 중의 속도를 조절하는 역할을 하므로 착륙 후 활주 거리를 줄여준다. 유압으로 조정하는 디스크식 브레이크를 많이 사용하며, 대형기에는 다중 디스크 브레이크를 장착한다.

3) 블랙박스

항공기에 사고가 발생했을 때 블랙박스(black box)에 기록된 정보를 통해 사고 원인을 규명하므로 블랙박스는 매우 중요한 장비이다. 블랙박스라는 명칭 때문에 검은색 상자라고 생각할 수 있으나 사고 현장에서 눈에 잘 띄도록 주황색으로 도색되고, 크기는 보통 60×15×20cm, 무게는 약 13kg이다.

블랙박스는 비행 자료 기록 장치(flight data recorder, FDR)와 조종실 음성 기록 장치(cockpit voice recorder, CVR)로 구성되며, 비행 상태와 조종실 내 기장의 대화, 관제사와의 교신을 기록한다. 그리고 항공기 추락 시의 충격, 화재, 해수 압력 등을 견딜 수 있도록 내충격, 내열성, 내수성이 높게 제작된다. 항공기가 바다에 추락하는 경우 수심 약 100m의 압력에서도 견딜 수 있고, 화재가 발생하는 경우

1,300℃에서도 견딜 수 있다. 또한 사고 후 일정 시간 동안 신호를 보내 사고 위치를 알려줄 수 있도록 발신기가 내장되어 있다.

항공사고 사례

2001년 11월 12일, 아메리칸항공의 587편이 승객 251명과 승무원 9명을 싣고 도미니카공화국으로 가기 위해 존 F. 케네디 국제공항을 출발했다. 587편이 이륙하기에 앞서 일본항공의 JL047기가 이륙했는데, JL047기로 인해 난기류가 발생하여 587편은 이륙하자마자 조종 불능 상태가 되었다. 587편은 주택가로 떨어져 탑승객 전원과 지역 주민 5명이 사망했다.

사고 원인을 규명하기 위해 블랙박스를 분석한 결과, 사고 직전 "난기류가 아니냐"는 기장의 목소리가 기록되어 있었고, FDR의 데이터 정보를 통해 정상적이지 않은 기체의 움직임이 확인되었다. 이러한 내용을 바탕으로 난기류에 인해 기체 조작에 문제가 발생하여 추락한 것으로 결론지었다.

정리해보기

항공기 기체의 각 구성 요소에 대해 배운 내용을 정리하시오.

CHAPTER 4

항공기의 내부 구조

INTERNAL STRUCTURE OF AIRCRAFT

Ulrike Stein / Shutterstock.com

01 조종실

조종실(cockpit)은 운항승무원(cockpit crew)이 항공기를 조종하는 공간으로, 여객기는 안전과 보안을 위해 객실과 조종실이 분리되어 있다. 조종실에는 각종 조종 시스템, 조종간, 계기판 등 항공기를 통제할 수 있는 설비와 기장 및 부기장의 좌석이 있다.

Wu Hao/Moment/Getty Images

조종실에는 소화기, 손도끼, 산소 공급 장치 등 비상 상황 시 즉시 사용할 수 있는 비상 장비가 비치되어 있고 비상 탈출구도 있다. 또한 조종실과 객실승무원 간의 원활한 의사소통을 위한 인터폰 시스템, 승객에게 정보를 제공하기 위한 PA (public address) 시스템, 관제사와 교신하기 위한 통신 시스템 등을 갖추고 있다.

First Class Photography/Shutterstock.com

1) 조종실의 구성

(1) 조종실 좌석

- **captain seat**: 기장이 앉는 좌석으로, 조종실 전방에 있는 2개의 좌석 중 왼쪽 좌석이다.
- **first officer seat**: 부기장이 앉는 좌석으로, 조종실 전방에 있는 2개의 좌석 중 오른쪽 좌석이다.
- **observer seat**: 교관 등이 앉는 좌석으로, 조종사 좌석 뒤에 1~2개의 좌석이 있다.

(2) 조종실 커뮤니케이션 시스템

- **항공교통 관제**(air traffic control, ATC): 항공기 간의 공중 충돌 방지, 항공기와 장애물 간의 충돌 방지, 항공교통의 흐름 조절 및 촉진 등을 위해 지상 관제소를 통해 항공기에 제공되는 서비스이다.
- **라디오 커뮤니케이션 시스템**(radio communication system): 항공기에 장착된 통신 시스템으로, 운항승무원이 다른 항공기 또는 지상과 통신하기 위해 사용한다.

- **인터폰 시스템**: 운항승무원과 객실승무원이 항공기 내에서 통신하기 위한 시스템이다.
- **PA 시스템**: 운항승무원이 승객에게 정보를 전달하기 위한 방송 시스템이다.

(3) 조종실 비상 장비

비상 상황에 대비하여 조종실에는 할론 소화기, PBE(protective breathing equipment), 석면 장갑, 손도끼, 승무원용 구명조끼, 손전등, ELS(emergency light switch) 등의 비상 장비가 비치되어 있다.

2) 조종실 보안의 중요성

예전에는 조종실 출입을 엄격하게 통제하지 않았으나 9·11 테러 이후 각국 정부는 항공보안을 전면적으로 강화했다. 조종실은 항공기를 안전하게 운항하는 데 매우 중요한 공간이므로 외부에서 침입하지 못하도록 방탄문이 설치되어 있다. 또한 항공기 운항 중에는 항상 잠금 상태를 유지하고 투 크루 룰(two-crew rule)을 적용하는 등 안전 및 보안에 만전을 기해야 한다.

3) 조종실 출입 인가

항공기 운항 중에는 항상 조종실 출입문을 잠가야 한다. 안전한 운항을 위해 일반인의 출입을 불허하고, 출입 인가를 받은 사람만 조종실에 출입할 수 있다.

조종실 출입이 가능한 사람은 해당 항공편의 운항승무원, 객실승무원, 운항 관련 운송 직원이며, 그 밖의 사람이 조종실에 출입하려면 항공사로부터 조종실 출입 인가 서류를 발급받아야 한다. 또한 항공안전감독관이 점검을 위해 조종실에 출입하는 경우 cockpit auth가 필요하고, 그 밖의 사람이 점검 등의 사유로 항공기에 출입하려면 '항공기 출입 요구서'가 있어야 한다.

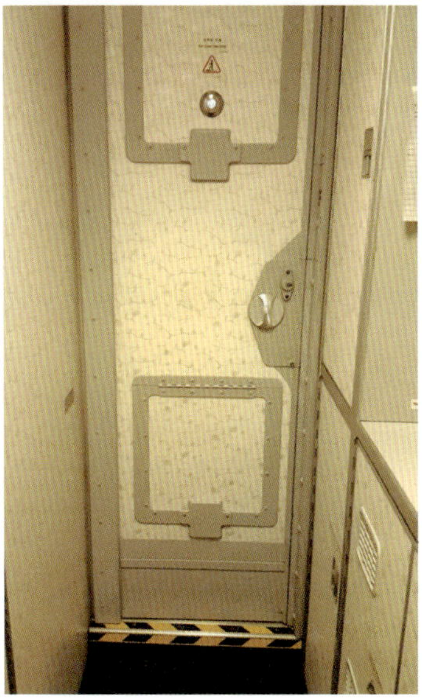

조종실 출입 인가 서류	발행권자
cockpit auth	항공사 운항 승무부 담당자
항공기 출입 요구서	국토교통부 장관 또는 지방항공청장

4) 조종실 출입 절차

(1) 조종실에 들어갈 때

비행 중 객실승무원이 조종실에 들어가려면 2인 1조가 다음과 같은 절차를 따라야 한다.

① 인터폰으로 출입 의사를 밝히고 운항승무원의 허가를 받는다.
② 조종실 출입문 부근의 화장실과 갤리에 승객이 있는지 확인한다.
③ 1명은 조종실 출입문 앞에서 객실을 향해 대기하면서 수상한 사람이 없는지 주시한다.
④ 조종실 출입문 앞에 설치된 커튼을 닫아 조종실 내부가 보이지 않게 한다.

국토교통부
Ministry of Land, Infrastructure and Transport
Republic of Korea

항공기 출입 요구서
REQUEST FOR ACCESS TO AIRCRAFT

발급번호 제OP- 호

이 항공기 출입 요구서를 소지한 자는 항공안전법 제77조 및 제132조와 운항기술기준 8.1.8.11의 규정에 의하여 항공기의 조종실 출입 공무 수행자임을 증명합니다.
Pursuant to the Aviation Act and Flight Safety Regulations, access to aircraft is requested for the person herein named

☐ 항공기 탑승 ☐ on a must fly / ☐ 관찰·점검 좌석 제공 ☐ space available basis from

검사관 성명 Inspector's name		**검사관 소속·직급** Inspector's Title		**증명서 번호** Credential No.	
항공사명 Name of Operator					
검사 일자 Date		**시간** Time		**비행편명** Flight No.	

점검 노선 THE ROUTE(S) TO BE FLOWN		
From	To	**검사관 서명** Inspector's Signature ________________
From	To	

목적 Purpose	

년 월 일

국토교통부장관 또는 지방항공청장 (직인)

⑤ 나머지 1명은 사전에 약속한 신호를 보낸 후 조종실 벽면에 설치된 키패드의 출입 번호를 누르고, 운항승무원이 문을 열면 들어가서 즉시 문을 닫는다.

(2) 조종실에서 나올 때

객실승무원이 조종실에서 나올 때는 다음과 같은 절차를 따라야 한다.

① 인터폰으로 조종실 밖에 있는 객실승무원에게 조종실 출입문 앞의 커튼을 닫아달라고 요청한다.

② 조종실 밖에 있는 객실승무원은 조종실 출입문 부근의 화장실과 갤리에 승객이 있는지 확인하고, 조종실 출입문 앞에서 객실을 향해 대기하면서 수상한 사람이 없는지 주시한다.

③ 조종실 출입문 내부에 장착된 렌즈를 통해 외부의 안전을 확인한 뒤 문을 열고 나와 즉시 닫는다.

(3) 투 크루 룰

투 크루 룰은 조종실 내에 항상 2명 이상의 승무원이 있어야 한다는 규정이다. 운항승무원 2명 중 한 사람이 부득이하게 자리를 뜰 때는 객실승무원이 인원수를 채워야 한다. 운항승무원을 대신하여 조종실에 들어간 객실승무원은 조종석에 앉거나 계기판을 건드리면 안 된다.

항공사고 사례

2015년 3월 24일, 스페인 바르셀로나를 출발하여 독일 뒤셀도르프로 향하던 저먼윙스 여객기가 프랑스 동남 알프스 산악 지대에 추락하여 승객과 승무원 150명이 모두 사망했다. 기장이 화장실에 간 사이 조종실에 혼자 있던 부기장이 고의로 추락시킨 것으로 추정된다. 이 사고 이후 각국 항공사는 조종실 내부에 반드시 2명 이상이 있도록 투 크루 룰을 제정했다. 운항승무원 1명이 조종실을 비울 수밖에 없을 때는 투 크루 룰에 따라 객실승무원이 대신 조종실에 들어가야 한다.

(4) 조종실 출입 절차 실습

<table>
<tr><th colspan="6">안전 업무 체크리스트</th></tr>
<tr><td>실습일</td><td colspan="2">년 월 일</td><td>실습 과목명</td><td colspan="2"></td></tr>
<tr><td>학번</td><td></td><td>이름</td><td></td><td>평가자</td><td></td></tr>
<tr><td>실습 주제</td><td colspan="5">조종실 출입 규정</td></tr>
<tr><td>실습 목표</td><td colspan="5">• 조종실 출입 규정을 익혀 규정에 맞게 출입할 수 있다.
• 조종실 출입 요구 시 규정에 맞는 서류를 확인할 수 있다.</td></tr>
</table>

<table>
<tr><th colspan="2">실습 내용</th><th>Pass</th><th>Fail</th></tr>
<tr><td rowspan="5">조종실에 들어갈 때</td><td>인터폰으로 운항승무원의 허가를 받았는가?</td><td></td><td></td></tr>
<tr><td>조종실 출입문 부근의 화장실과 갤리에 승객이 있는지 확인했는가?</td><td></td><td></td></tr>
<tr><td>객실승무원 1명은 조종실 출입문 앞에서 객실을 향해 대기하면서 수상한 사람이 없는지 주시했는가?</td><td></td><td></td></tr>
<tr><td>조종실 출입문 앞에 설치된 커튼을 닫아 조종실 내부가 보이지 않게 했는가?</td><td></td><td></td></tr>
<tr><td>나머지 객실승무원은 사전에 약속한 신호를 보낸 후 조종실 벽면에 설치된 키패드의 출입 번호를 눌렀는가?</td><td></td><td></td></tr>
<tr><td>조종실에서 나올 때</td><td>인터폰으로 조종실 밖에 있는 객실승무원에게 조종실 출입문 앞의 커튼을 닫아달라고 요청했는가?</td><td></td><td></td></tr>
<tr><td>조종실 출입 요구</td><td>조종실 출입을 요구하는 사람이 있는 경우 규정에 맞는 서류를 갖추었는지 확인했는가?</td><td></td><td></td></tr>
<tr><td colspan="4">조종실 출입 절차를 실습한 후 자신의 생각을 정리해봅시다.</td></tr>
</table>

정리해보기

1. 객실승무원이 조종실에 출입할 때의 절차를 실습해보고 주의할 점을 정리하시오.

2. 9·11 테러 사건을 토대로 조종실 보안의 중요성에 대해 정리하시오.

02 객실

승객이 항공 여행을 하기 위해 항공사를 선택할 때 고려하는 요소에는 객실의 안락함과 편안함이 포함된다. 이러한 이유로 항공사는 항공기를 도입할 때 객실 내부 인테리어, 좌석의 배열, 좌석 간 배치 등을 고려한다. 여객기 운항 초기인 1930년대에는 열차처럼 침대칸을 설치하기도 했으나, 여객기가 대중화되어 많은 승객을 수송하게 된 제트 항공 시대에는 침대칸이 사라졌다. 그러나 오늘날에는 등받이가 수평으로 젖혀지는 좌석과 함께 최상의 서비스를 제공하는 클래스를 운영하기도 한다.

그러나 안락하고 편안한 여행을 위해서는 무엇보다 안전이 보장되어야 한다. 따라서 객실의 좌석은 다양한 안전장치를 갖추고 있는데 이에 대해 자세히 알아보자.

1) 객실의 구조

(1) 중·대형기와 소형기

일반적으로 소형기는 객실 통로가 1개이고, 중·대형기는 객실 통로가 2개이다.

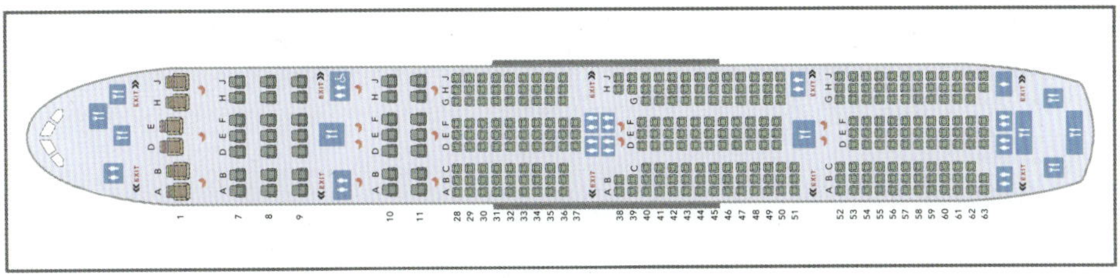

B777-300

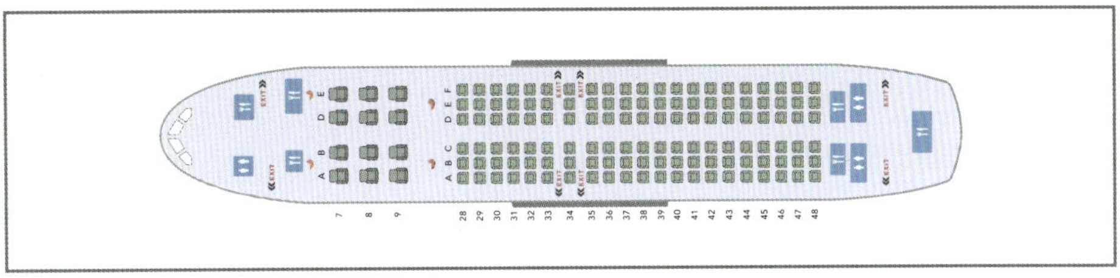

B737-800

(2) 객실 내부의 구분

기종에 따라 상이하나 대부분의 여객기는 도어를 기준으로 A, B, C, D, E(main deck), U/D(upper deck) 존 등으로 구분된다.

- **A 존:** 일등석(first class, FR)
- **B, U/D 존:** 이등석(business class, prestige class)
- **C, D, E 존:** 일반석(economy class)

(3) 도어(비상 탈출구)

승객이 탑승하고 하기하는 문인 도어는 비상 상황 시 비상 탈출구로 사용된다. 도어는 좌측, 우측에 따라 다음과 같은 명칭을 부여한다.

- **L 사이드:** L1, L2, L3, L4, L5, UL
- **R 사이드:** R1, R2, R3, R4, R5, UR

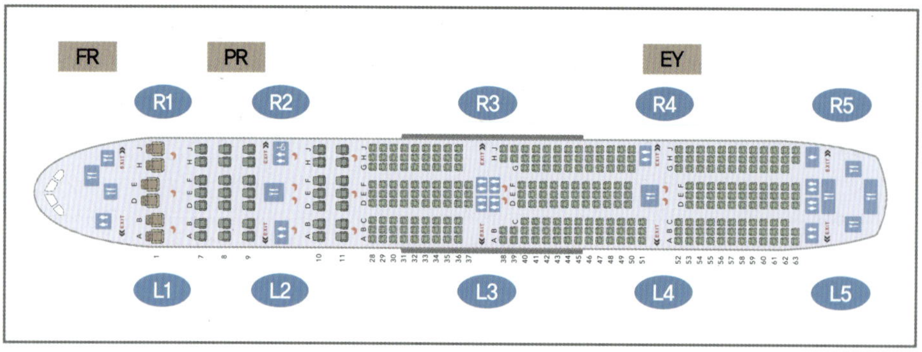

2) 승객 좌석

승객 좌석에는 좌석벨트, 비상용 산소마스크, 좌석벨트 착용 표시등, 금연 표시등, 구명조끼, 선반, 고정 장치 등 다양한 안전장치 및 설비가 마련되어 있다. 승객 좌석은 벌크헤드(bulkhead) 좌석, 논벌크헤드(non-bulkhead) 좌석, 비상구열 좌석으로 구분된다. 비상구열 좌석에는 비상시 승무원을 도와 다른 승객의 비상탈출에 협조할 의사가 있는 승객이 착석해야 하며, 안전상 비상구열 좌석에 착석할 수 없는 승객을 규정해두고 있다.

항공기가 이착륙할 때는 착석한 승객의 안전과 비상시 원활한 탈출을 위해 좌석 등받이를 세워야 한다. 또한 최근에는 좌석 등받이와 발 받침대 등의 조작 시스템이 자동화됨에 따라 휴대폰이 좌석 사이에 끼여 압착됨으로써 화재가 발생할 수도 있어 주의를 기울여야 한다.

(1) 좌석벨트

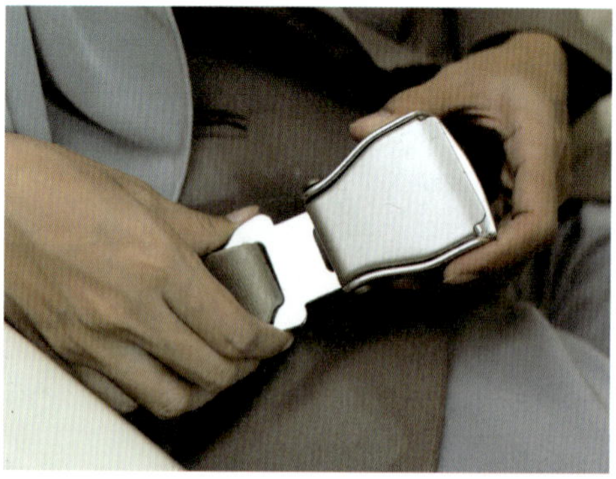

항공기가 이착륙할 때, 비행 중 갑자기 난기류(turbulence)를 만났을 때 좌석벨트 착용 표시등이 켜지면 객실승무원은 승객에게 좌석벨트(seat belt)를 착용하도록 안내한다.

항공 지식

비행 중 상시 좌석벨트를 매야 하는 이유는?

2017~2019년의 교통사고를 분석한 결과에 따르면 안전벨트를 매지 않았을 때의 사망률이 안전벨트를 맸을 때보다 4.7배나 높은 것으로 나타났다. 이는 비단 지상의 교통수단에만 국한되지 않는다. 항공기 운항 중 난기류를 만나면 기장은 즉시 좌석벨트 착용을 지시하고, 객실승무원은 좌석벨트 착용 및 착석을 유도하면서 승객을 통제한다.

그러나 예상치 못한 갑작스러운 난기류에는 즉시 대응할 수 없기 때문에 승객이나 객실승무원이 부상을 입는 경우도 있다. 최근 국내 여객기에서 식사 서비스를 진행하던 중 예상치 못한 난기류를 만나 기체가 심하게 흔들리고 급격히 하강한 일이 있었다. 당시 좌석벨트를 하지 않은 객실승무원과 일부 승객이 객실 천정에 머리를 부딪혀 객실 천정에 구멍이 나고, 객실승무원이 넘어져 부상을 입기도 했다.

(2) 구명조끼(구명복)

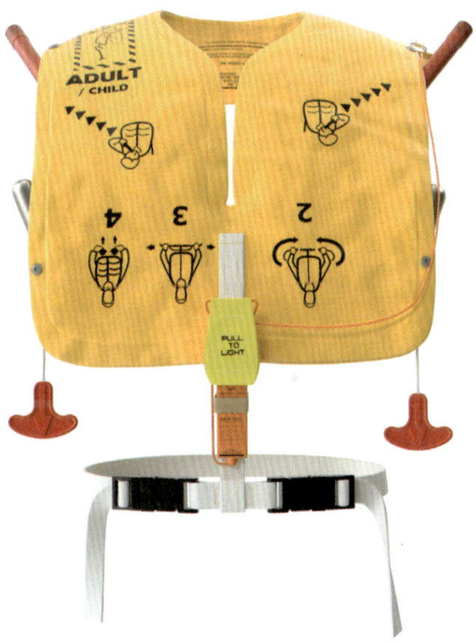

구명복으로도 불리는 구명조끼(life vest)는 비상 착수 시 사용하는 안전 장비로, 수상에서 부유할 수 있게 해준다. 좌석 하단 또는 팔걸이 등에 비치되어 있으며, 비상 탈출 직전에 도어(비상 탈출구)에서 부풀려야 한다. 비상 착수 상황이 발생하면 객실승무원은 구명조끼를 부풀리는 시점을 승객에게 명확히 알려주어야 한다.

구명조끼는 다음과 같이 구분된다.

- 성인용, 승무원용, 유아용
- one chamber life vest, two chamber life vest

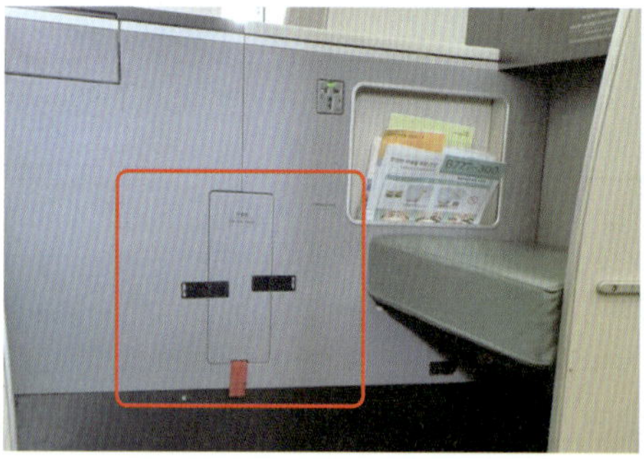

이등석의 구명조끼 위치

일반석의 구명조끼 위치

(3) 좌석벨트 착용 표시등과 금연 표시등

좌석벨트를 착용해야 한다는 것을 알려주는 좌석벨트 착용 표시등(fasten seat belt sign)은 기장이 필요에 따라 켜거나 끄지만, 갑작스러운 난기류에 대비하여 좌석벨트를 상시 착용하도록 안내하고 있다. 또한 기내 화재를 예방하기 위해 금연 표시등(no smoking sign)은 상시 켜진 상태를 유지한다.

(4) 산소마스크

산소마스크(oxygen mask)는 좌석 상단에 있으며, 기내에 감압이 발생했을 때 자동으로 내려와 산소를 공급한다. 산소를 공급하는 시스템에는 화학반응식과 탱크식이 있다. 산소마스크는 코와 입에 맞게 착용해야 하며, 유아를 동반한 승객의 경우 자신이 먼저 착용한 뒤 유아에게 착용시킨다. 산소마스크는 좌석 수 대비 여분으로 1~2개가 추가로 장착되어 있다.

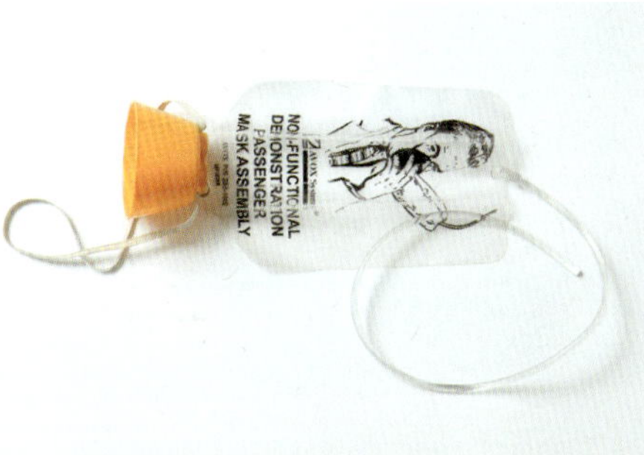

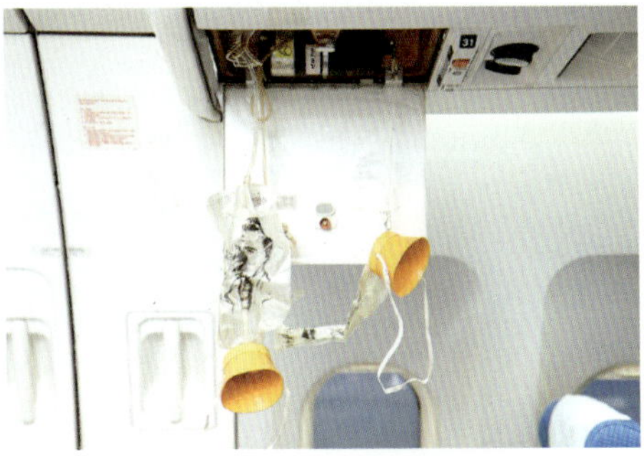

(5) 좌석 하단 고정 장치

승객의 휴대 수하물은 선반, 좌석 하단, 코트룸에 보관해야 한다. 좌석 하단에는 고정 장치(seat restraint bar)가 있어 수하물이 통로로 빠져나가는 것을 방지한다.

(6) 모니터

모니터(monitor)는 항공기 운항 정보, 승객 안전 브리핑, 기타 비행 정보를 상영하는 장치로, 벽면 또는 천장에 장착되어 있다. 모니터에는 고정식 모니터와 접히는 모니터가 있으며, 접히는 모니터의 경우 안전을 위해 이착륙 시 접혀 있어야 한다.

(7) 창문 덮개

승객 좌석의 창문 덮개(window shade)는 운항 중 자유롭게 열고 닫을 수 있으나, 비상구의 창문 덮개는 외부 상황을 확인할 수 있도록 항공기가 지상에서 이동할 때, 이착륙할 때 반드시 열어두어야 한다.

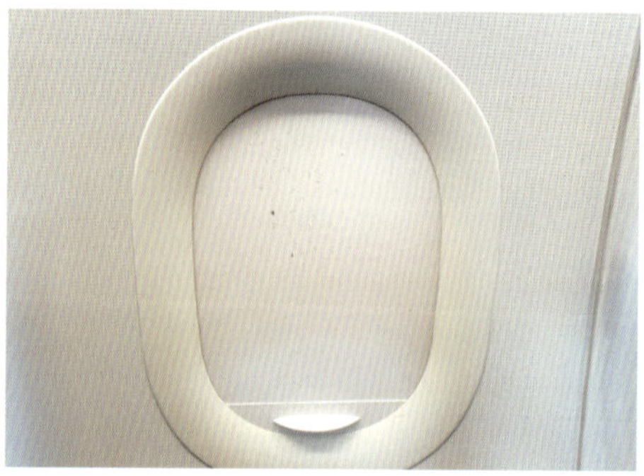

3) 선반

선반(overhead bin)은 승객의 가벼운 짐이나 겉옷, 베개, 담요 등을 넣을 수 있도록 승객 좌석 머리 위쪽에 설치된 공간을 말한다. 선반을 점검하는 것은 안전한 비행을 위해 객실승무원이 해야 할 필수 업무이다. 객실승무원은 승객이 탑승하기 전, 하기한 후에 선반의 보안 점검을 하고 유실물을 확인해야 한다. 선반에는 점검 시 부상을 입지 않도록 내부를 비추는 소형 거울이 부착되어 있으며, 이를 통해 객실승무원은 선반에 남아 있는 수하물이 있는지 확인할 수 있다.

선반에는 지팡이, 긴 우산, 목발 등 끝이 뾰족하거나 흉기가 될 만한 물건을 보관하면 안 되고, 수하물을 겹쳐서 쌓아도 안 된다. 그리고 선반을 열고 닫을 때나 비행 중에는 선반에 들어 있는 수하물이 떨어지지 않도록 유의해야 한다.

항공 지식

선반에 짐을 보관할 때 왜 주의를 기울여야 할까?

안전보건공단의 보고서(2015년)에 따르면, 항공기에서 발생하는 객실승무원의 산업재해 중 하나는 선반에 승객의 짐을 올리다 입는 부상으로 나타났다. 승객은 자신이 감당할 수 있을 만큼의 짐을 객실 내로 반입하고 보관도 스스로 책임져야 한다. 그러나 노약자와 같이 도움이 필요한 승객의 경우 객실승무원이 짐을 선반에 넣는 것을 도와주는데, 이 과정에서 허리, 어깨 등의 부상이 자주 발생한다.
또한 목적지 공항에 도착한 후 선반의 짐을 꺼내는 과정에서 좌석에 앉아 있던 승객이 다치는 경우도 종종 있다. 한 예로, 승객이 선반에서 노트북 가방을 꺼내다 앉아 있던 승객의 머리와 어깨에 떨어뜨려 이를 맞은 승객이 경추, 어깨 등의 염좌로 입원 치료를 받았다.
따라서 승객의 부상과 객실승무원의 산업재해를 예방하려면 선반에 짐을 이중으로 쌓지 말고, 중량 및 규격을 초과하는 수하물의 기내 반입을 제한해야 한다. 그리고 선반을 열고 닫을 때는 앉아 있는 승객의 주의를 환기시킬 필요가 있다.

4) 코트룸

코트룸(coat room)은 승객의 옷과 짐을 보관하는 공간으로, 이착륙 시 코트룸에 보관된 물건이 통로로 튀어나오지 않게 코트룸의 문을 잠가야 한다. 코트룸에 비상 장비나 구급약 등이 비치된 경우에는 승객의 옷이나 짐이 이를 가리거나 꺼내는 데 방해가 되지 않도록 해야 한다.

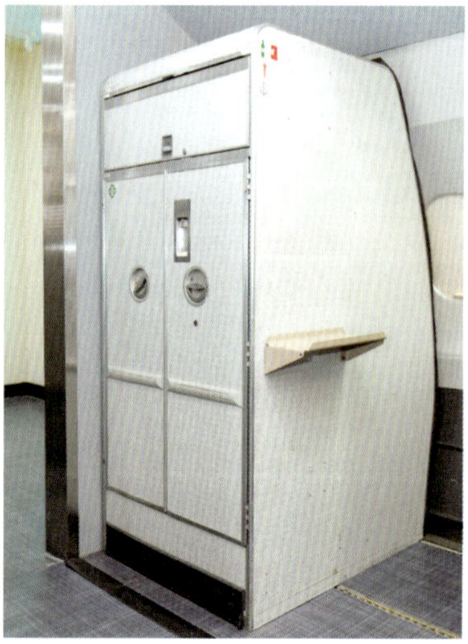

정리해보기

객실의 승객 좌석에 구비된 다양한 안전장치에 대해 정리하시오.

03 갤리

여객기에 있는 갤리(galley)는 오랜 시간 여행하는 승객에게 식음료를 제공하기 위한 주방 공간이다. 갤리에는 오븐, 전자레인지, 냉장고, 커피 메이커, 전기 쓰레기통 등 다양한 전자 기기가 있고 전기 공급 장치가 연결되어 있다. 따라서 전기 과부하 또는 객실승무원의 사용 절차 미준수 등으로 인해 화재가 발생할 수도 있다. 이에 객실승무원은 화재 예방을 위한 일상 안전 절차를 준수하고 장비 사용법을 익혀야 한다. 또한 캐리온 박스(carry-on box), 컴파트먼트(compartment) 등의 잠금 상태를 상시 확인하여 안전을 확보해야 한다. 이 절에서는 갤리에 있는 다양한 설비 중에서도 안전 설비를 중심으로 살펴보자.

Jordan Tan/Shutterstock.com

1) 전원 차단기

(1) 서킷 브레이커

전자 기기의 과부하를 예방하는 설비인 서킷 브레이커(circuit breaker)는 갤리의 오븐, 냉장고, 커피 메이커 등과 연결되어 있다. 화재가 발생했을 때 자동으로 버튼이 튀어나와 전력 공급을 차단한다.

실습영상

(2) 마스터 파워 셧오프 스위치

마스터 파워 셧오프 스위치(master power shutoff switch)는 갤리 내 전체 전자 기기의 전원을 통제하는 스위치로, 이 또한 전자 기기의 과부하를 예방하는 설비이다.

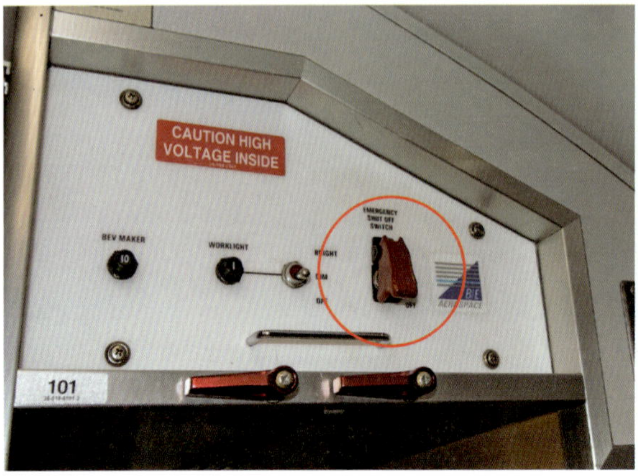

Almaz Mustafin/Shutterstock.com

2) 비상벨

비상벨(hijacking warning bell)은 항공기 테러나 납치 등 비상 상황이 발생했을 때 조종실에 연락하는 장치로, 각 갤리와 승무원 좌석 주변에 장착되어 있다.

3) 워터 셧오프 밸브

워터 셧오프 밸브(water shutoff valve)는 갤리와 화장실에 누수가 발생했을 때 물 공급을 차단하는 장치로, 물 공급선 주변에 있다. 밸브를 off에 놓으면 물 공급이 차단된다.

실습영상

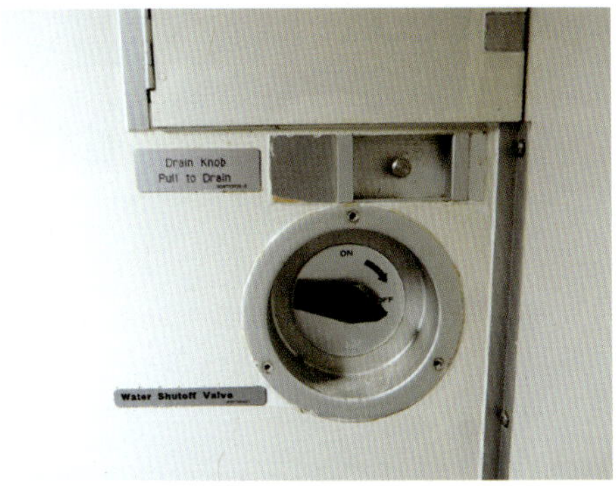

밸브를 off에 놓은 상태

밸브를 on에 놓은 상태

4) 에어 블리딩

갤리에는 뜨거운 물을 만드는 워터 보일러(water boiler), 커피 메이커 등이 있으며, 이러한 기기를 사용할 때 가장 중요한 것은 에어 블리딩(air bleeding)이다. 이는 화재 예방 및 장비 유지를 위해 기기에 전원을 공급하기 전에 연결된 호스 안에 있는 공기를 빼내는 절차를 말한다. 커피 메이커를 사용하지 않을 때는 내부 호스에 공기가 채워져 있는데, 이 상태에서 가열하면 물이 공급되기 전 호스가 가열되어 화재가 발생하거나 장비가 손상될 수 있다. 따라서 물이 나올 때까지 밸브를 열어 호스 안의 공기를 빼내야 한다.

실습영상

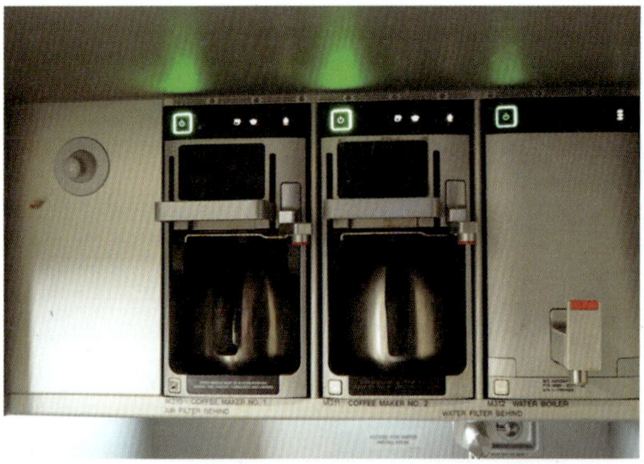

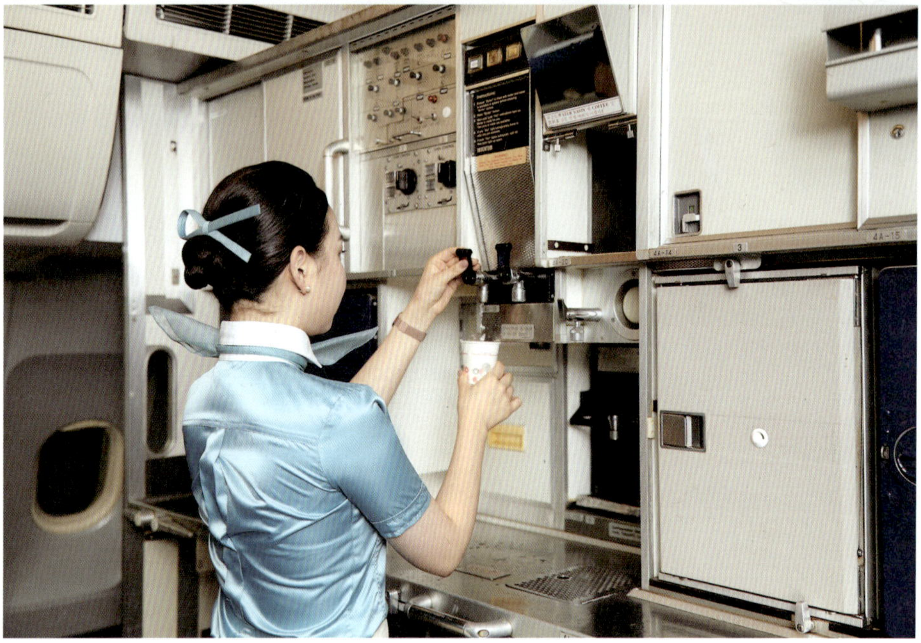

정리해보기

갤리에 있는 안전 설비에 대해 정리하시오.

04 화장실

기내 화장실(lavatory)은 일반 화장실, 장애인용 화장실, 여성 전용 화장실 등으로 구분되고 항공기의 전방, 중간, 후방에 위치한다. 승객 좌석 약 35개당 하나씩 설치되어 있으며, 기능이나 작동법이 거의 유사하나 기종에 따른 약간의 차이가 있다. 화장실은 많은 승객이 이용하는 공간이므로 청결한 상태를 유지해야 한다. 또한 밀폐된 공간이라 흡연으로 인한 화재 또는 응급 환자가 발생할 가능성이 크기 때문에 객실승무원은 수시로 화장실을 점검해야 한다.

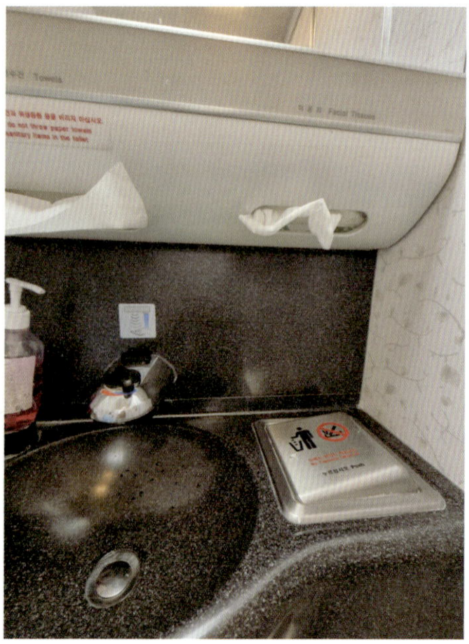

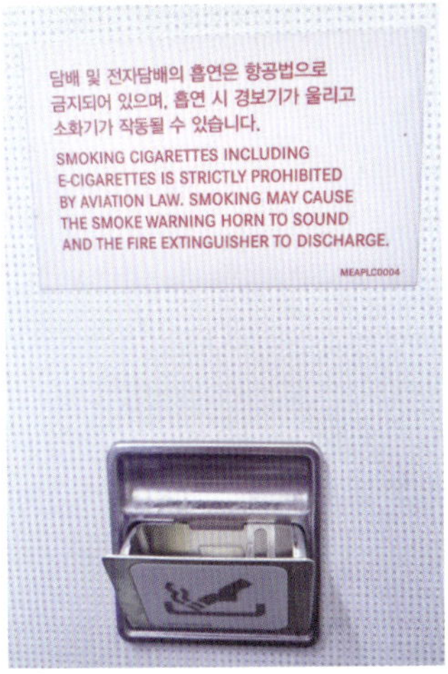

화장실의 재떨이 안내문

화장실의 금연 안내문

항공사고 사례

1973년 7월 11일, 바리그항공의 820편이 승객 117명, 승무원 17명을 태우고 브라질 리우데자네이루 갈레앙 국제공항을 출발하여 목적지인 프랑스 파리 오를리 공항에 거의 다다를 무렵 기내에 화재가 발생했다. 조종사는 비상 착륙을 시도했으나 객실뿐만 아니라 조종실까지 연기가 가득 차 계기판을 보기 어려운 상황이었다. 820편은 오를리 공항에서 약 5km 떨어진 곳에 무사히 착륙했으나 생존자는 11명(승무원 10명, 승객 1명)에 불과했다.

기내 화재는 후방 화장실에서 시작되었는데, 화장실 쓰레기통에 버린 담배꽁초가 화재의 원인으로 지목되었다. 또한 사망자들은 일산화탄소 중독과 연기 흡입으로 사망한 것으로 밝혀졌다. 이후 미국 연방항공청(Federal Aviation Administration, FAA)은 '화장실에의 금연 안내문 부착 및 재떨이 설치, 승객에 대한 기내 흡연 금지 안내 절차, 쓰레기통 뚜껑 확인 절차' 등에 대한 규정을 만들었다.

1) 스모크 디텍터

스모크 디텍터(smoke detector)는 화재가 발생했을 때 연기를 감지하고 경보음을 울리는 장치로, 화장실 천장에 설치되어 있다. 항공기가 이륙하기 전에 객실 승무원은 스모크 디텍터 주변에 이물질 등이 있는지 등을 점검해야 한다.

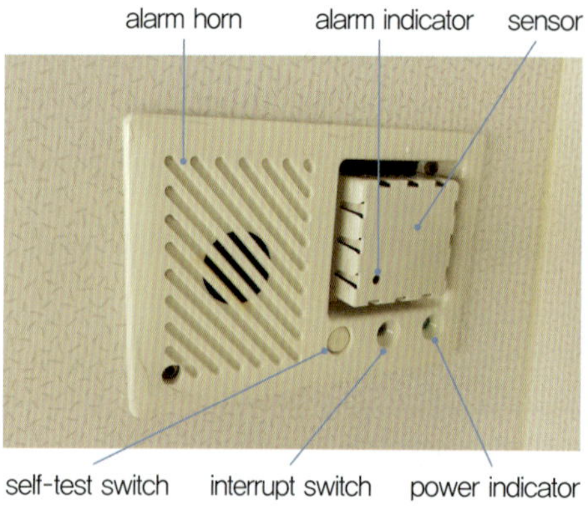

외장형 스모크 디텍터(구형)

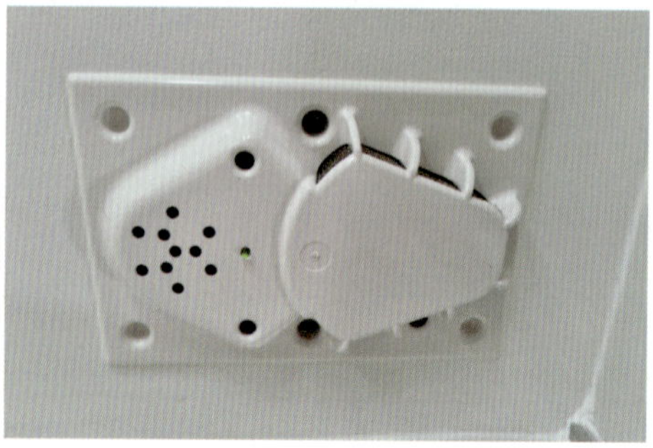

외장형 스모크 디텍터(신형)

화장실 천장의 스모크 디텍터

2) 열감지형 소화기

기내 화장실의 쓰레기통 내부에는 열감지형 소화기가 장착되어 있어 쓰레기통에 화재가 발생하여 일정 온도에 도달하면 자동으로 소화액이 분사된다. 또한 쓰레기통 뚜껑에는 스프링이 달려 있어 자동으로 닫히는데, 스프링이 고장 나서 뚜껑이 닫히지 않았을 때 쓰레기통에 화재가 발생하면 산소가 차단되지 않아 큰 화재로 번질 수 있다. 게다가 쓰레기통 뚜껑이 닫히지 않은 상태에서는 열감지형 소화기가 작동할 정도의 온도에 도달하지 못하여 적정 시점에 화재를 막지 못할 수도 있다. 따라서 쓰레기통 뚜껑의 닫힘 상태를 점검하는 것이 매우 중요하다. 그리고 열감지형 소화기가 작동된 화장실은 폐쇄하여 사용하지 못하게 해야 한다.

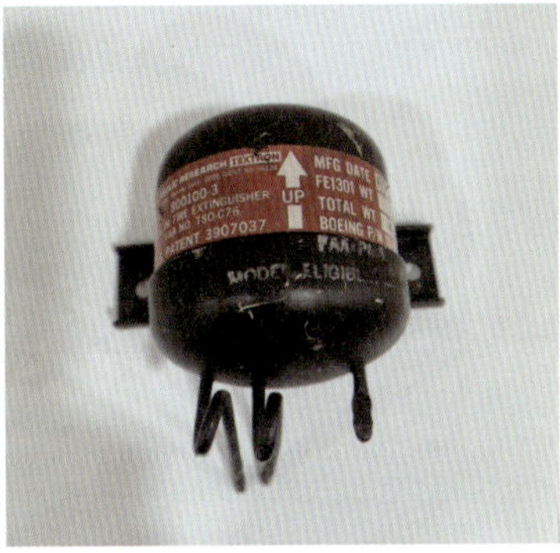

열감지형 소화기

화장실의 쓰레기통 뚜껑

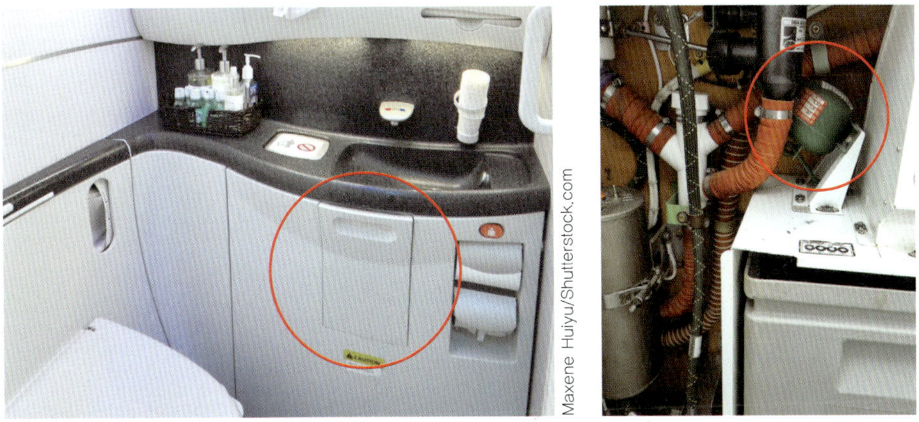

왼쪽 사진에 표시된 부분을 열면 보이는 열감지형 소화기

정리해보기

1. 화장실에 설치된 화재 예방 장치에 대해 정리하시오.

2. 흡연에 의한 항공기 화재 사고를 조사하고 화장실 흡연 예방의 중요성에 대해 정리하시오.

05 승무원 구역

기내에서 승무원이 머무르는 승무원 구역(attendant station)에는 승객 서비스 준비 장소, 승객 편의 시설 및 안전과 관련된 제어 장치가 있는 장소, 승무원 휴게실이 포함된다.

1) 승무원 좌석

승무원 좌석(jump seat)은 객실 전 구역에 고르게 분포되어 있으며, 일반적으로 비상구 옆에 위치한다. 항공기가 이착륙할 때 객실승무원은 이 좌석에 앉아 안전 업무를 수행하고, 사용하지 않을 때는 비상 탈출로를 확보하기 위해 좌석이 자동으로 접힌다. 승무원 좌석 주변에는 비행 중 객실에서 위급한 상황이 발생하거나 비상 탈출 등의 돌발 상황이 발생했을 때 필요한 각종 비상 장비가 장착되어 있다.

- **승무원 좌석의 종류**: 전향/후향 점프시트, 싱글/더블 점프시트
- **승무원 좌석 주변의 구성 요소**: 비상 장비, 산소마스크, PA 시스템, 인터폰 시스템, 숄더하니스(shoulder harness)

KITTIKUN YOKSAP/Shutterstock.com

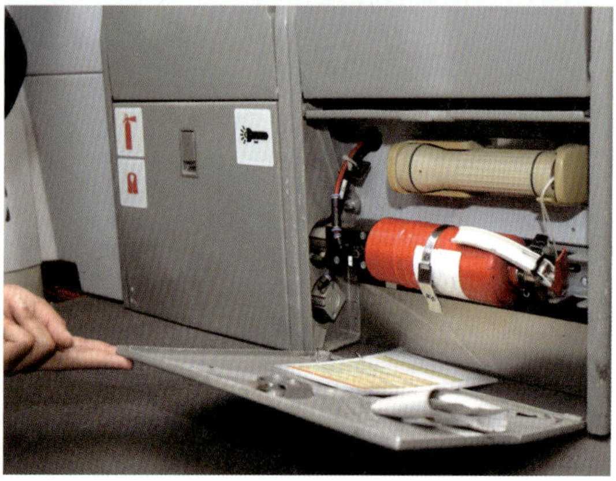

(1) 레디 포지션

▶ 실습영상

항공기 이착륙 시 객실승무원은 자신의 안전을 확보하고 신속한 비상 탈출에 대비하기 위해 레디 포지션(ready position)을 취한다. 이는 갑작스러운 충격에 몸을 보호할 수 있도록 손바닥을 위로 하여 허벅지 아래에 끼워넣는 자세이다. 또한 객실승무원은 전방을 주시하면서 안전에 해가 되는 행동을 하는 승객이

있는지 살핀다. 고의나 호기심으로 항공기 도어를 조작하려고 시도하는 승객은 즉시 제지해야 한다.

항공사고 사례

2023년 5월 26일, 승객 187명과 승무원 7명을 태우고 제주 국제공항을 출발하여 대구 국제공항으로 향하던 아시아나항공 여객기에서 비상구열 좌석에 앉은 남자 승객이 도어를 개방하는 사건이 발생했다. 착륙하기 직전 약 200m 상공에서 도어를 강제로 개방했기 때문에 거센 바람이 객실로 유입되는 위험천만한 상황이 벌어졌으나 도어가 열린 채로 무사히 착륙했다.
해당 여객기는 구조상 비상구열에 승무원 좌석이 없어 객실승무원의 통제에서 벗어난 상태였다. 또한 비상구열 좌석에 앉은 승객이 좌석벨트를 풀지 않고도 비상구 레버에 손이 닿아 옆 좌석에 앉은 승객이 제재할 틈도 없이 순식간에 일이 벌어졌다. 통상적으로 순항 고도(약 35,000ft)에서는 항공기 내부와 외부의 압력 차이로 도어 개방이 거의 불가능하나, 해당 여객기는 착륙 고도에 진입하여 도어 개방이 가능했다. 아시아나항공은 사고가 발생한 기종인 A321-200의 비상구열 좌석을 당분간 판매하지 않기로 했다. 이 사건을 통해 도어 부근에서 승객의 행동을 주시하고 제재하는 객실승무원의 안전 역할이 중요하다는 것을 다시 한번 느낄 수 있다.

(2) 30-second review

객실승무원의 안전 관련 업무 중 하나로, 객실의 이착륙 점검을 모두 마치고 승무원 좌석에 착석하여 자신이 맡은 비상 탈출 관련 임무를 30초 동안 되새기는 것을 말한다. 이때 되새기는 내용은 다음과 같다.

- 비상 장비의 위치와 작동법
- 비상구의 위치와 작동법
- 비상 탈출 순서
- 비상 탈출 시 도움을 줄 수 있는 승객
- 충격 방지 자세 샤우팅
- 비상시 도움이 필요한 승객

(3) 승무원 좌석 관련 실습

<table>
<tr><th colspan="7">안전 업무 체크리스트</th></tr>
<tr><td>실습일</td><td colspan="2">년 월 일</td><td>실습 과목명</td><td colspan="3"></td></tr>
<tr><td>학번</td><td></td><td>이름</td><td></td><td>평가자</td><td colspan="2"></td></tr>
<tr><td>실습 주제</td><td colspan="6">승무원 좌석 착석, 비상 장비 점검, 인터폰 사용</td></tr>
<tr><td>실습 목표</td><td colspan="6">• 승무원 좌석에 착석하여 숄더하니스를 착용할 수 있다.
• 이착륙 시 레디 포지션을 취할 수 있다.
• 승무원 좌석을 사용하지 않을 때는 비상 탈출에 방해가 되지 않도록 숄더하니스를 정리할 수 있다.</td></tr>
<tr><td colspan="5">실습 내용</td><td>Pass</td><td>Fail</td></tr>
<tr><td rowspan="3">승무원 좌석 착석</td><td colspan="4">승무원 좌석에 착석하여 숄더하니스를 착용했는가?</td><td></td><td></td></tr>
<tr><td colspan="4">이착륙 시 레디 포지션을 취했는가?</td><td></td><td></td></tr>
<tr><td colspan="4">숄더하니스를 제대로 정리했는가?</td><td></td><td></td></tr>
<tr><td>30-second review</td><td colspan="4">30-second review를 수행했는가?</td><td></td><td></td></tr>
<tr><td>비상 장비 점검</td><td colspan="4">승무원 좌석 주변의 비상 장비를 파악하고 있는가?</td><td></td><td></td></tr>
<tr><td>인터폰 사용</td><td colspan="4">승무원 좌석 주변의 인터폰을 사용할 수 있는가?</td><td></td><td></td></tr>
<tr><td colspan="7">승무원 좌석 착석을 실습한 후 자신의 생각을 정리해봅시다.</td></tr>
</table>

2) 승무원 휴게실

승무원 휴게실(bunk, crew rest area)은 중·장거리 비행 시 교대로 휴식을 취하는 공간으로, 항공기의 후미나 객실 상부 또는 하부에 위치한다. 비행 전·중·후 점검 요령에 따라 승무원 휴게실 내부를 점검하고, 보안을 위해 출입문은 항상 잠금 상태를 유지해야 한다. 승무원 휴게실에는 침대가 설치되어 있으며, 쉬는 동안이라도 갑작스러운 난기류에 대비하여 항상 좌석벨트를 매고 있어야 한다.

또한 비상 상황에 대비하여 승무원 휴게실은 다음과 같은 설비를 갖추고 있으며, 승무원 휴게실의 위치에 따라 비상 탈출법과 화재 진압 방법 등이 다르다.

- 비상 장비
- PA 시스템, 인터폰 시스템
- 산소마스크
- 비상 탈출구
- 금연 표시등, 좌석벨트 착용 표시등
- 스모크 디텍터

Triago B Trevisan/Shutterstock.com

A380의 승무원 휴게실 위치

B787의 승무원 휴게실 위치(2층)

Markus Mainka/Shutterstock.com

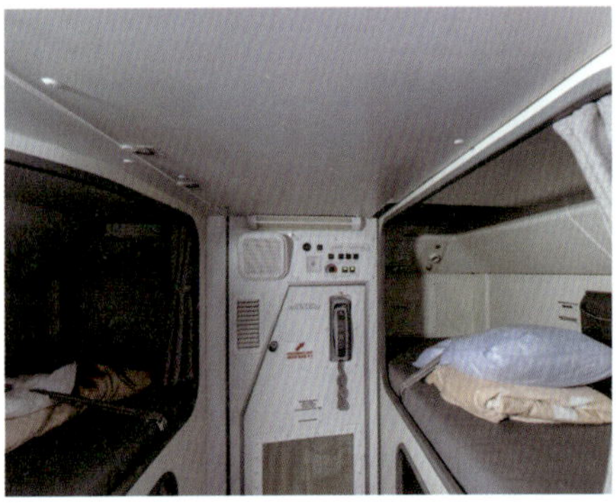

B767의 승무원 휴게실

ivandan/iStock/Getty Images Plus

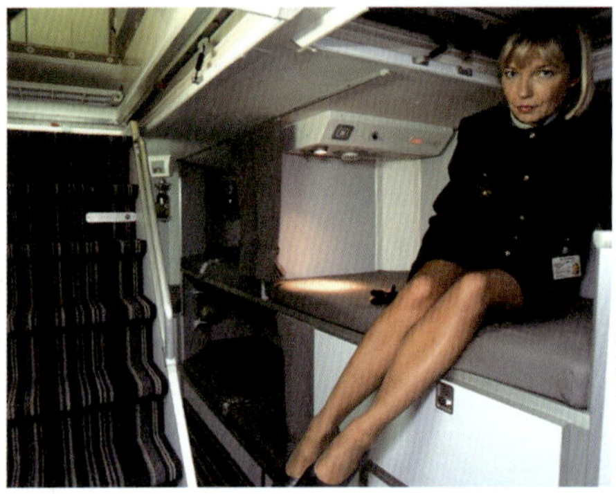

A330의 승무원 휴게실

Etienne DE MALGLAIVE/Gamma-Rapho/Getty Images

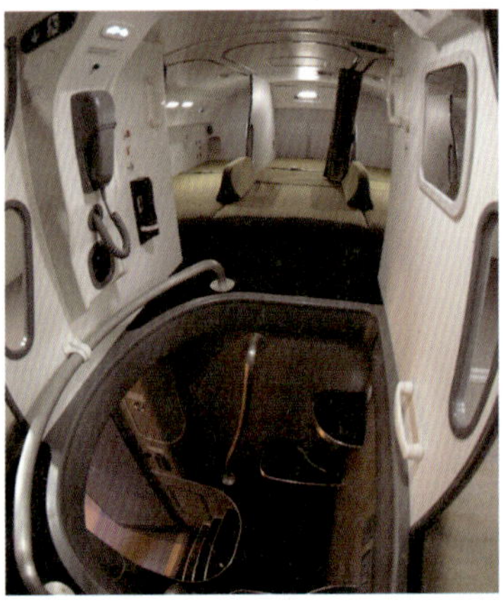

B787의 승무원 휴게실

Chris So/Toronto Star/Getty Images

기장 휴게실

Jacek_Sopotnicki/iStock/Getty Images

정리해보기

1. 조종실 보안을 위한 객실승무원의 일상 안전 업무를 정리하시오.

2. 화재 예방을 위한 객실승무원의 일상 안전 업무를 정리하시오.

3. 승객의 부상을 방지하기 위한 객실승무원의 일상 안전 업무를 정리하시오.

CHAPTER **5**

항공기 도어

AIRCRAFT DOOR

miklyxa13/iStock/Getty Images Plus

01 항공기 도어의 개요

오늘날의 여객기는 최첨단 시스템을 적용하여 안전성을 확보하고 외부 디자인과 내부 인테리어가 더욱 세련되게 변모했으며, 이러한 변화 속에서 도어(비상탈출구)도 발전을 거듭했다. 항공기 도어는 제조사에 따라 형태와 세부 디자인이 조금씩 다르지만 명칭, 기능, 원리, 용도는 유사하다. 기체에서 어느 것 하나 중요하지 않은 부분이 없지만, 특히 도어는 승객의 안전한 탈출을 위한 핵심 요소라고 할 수 있다. 그러므로 이 장에서는 객실승무원의 교육훈련 중 필수 항목인 도어의 구성 요소, 작동법, 개폐 절차 등을 알아보자.

생각해보기 객실승무원의 안전 업무에서 항공기 도어는 왜 중요한가?

1) 항공기 도어의 중요성

항공안전법에서는 객실승무원을 '항공기에 탑승하여 비상시 승객을 탈출시키는 등 승객의 안전을 위한 업무를 수행하는 사람'으로 정의하고 있다. 객실승무원 하면 떠오르는 이미지 중 하나는 항공기 도어에서 샤우팅을 하며 승객을 탈출시키는 훈련을 받는 모습이다. 이렇듯 도어는 승객의 안전을 확보하는 데 중요한 요소이며, 객실승무원이 되려면 탑승할 항공기의 도어에 관한 교육훈련을 반드시 이수해야 한다. 해당 기종의 교육훈련을 이수하지 않은 객실승무원은 탑승이 제한된다.

2) 항공기 도어 관련 사례

항공기 도어와 관련된 사건·사고는 승객과 객실승무원의 부상을 야기하는 등 안전 운항에 심각한 영향을 미칠 수도 있을뿐더러, 정시에 운항하지 못하여 승객의 여정에 문제를 일으키기도 한다. 이에 객실승무원은 도어가 비정상적으로 운용되지 않도록 도어 작동법과 세부 절차를 익혀야 한다. 항공기 도어와 관련된 사건·사고 사례를 살펴보고 문제점과 해결 방안에 대해 생각해보자.

(1) 도어 개방 사례

2023년 5월 26일, 제주발 대구행 아시아나항공 여객기가 대구에 거의 다다라 약 200m 상공에 이르렀을 무렵 비상구열 좌석에 앉은 남자 승객이 고의로 도어를 개방했다. 높은 고도에서는 기체 내부와 외부의 압력 차이로 인해 도어가 열리지 않지만, 착륙을 앞두고 고도를 낮추었기 때문에 압력 차이가 작아서 도어가 열리고 말았다. 항공기는 도어가 열린 상태로 착륙했으며, 해당 도어 부근의 승객은 도어가 열리면서 발생한 충격음과 강풍으로 10여 분 동안 극심한 공포와 호흡 곤란을 겪었다. 다행히 심한 부상을 입은 사람은 없었으나 모든 승객과 승무원이 큰 충격을 받았다. 도어를 고의로 개방한 승객은 기소된 상태이며, 이는 항

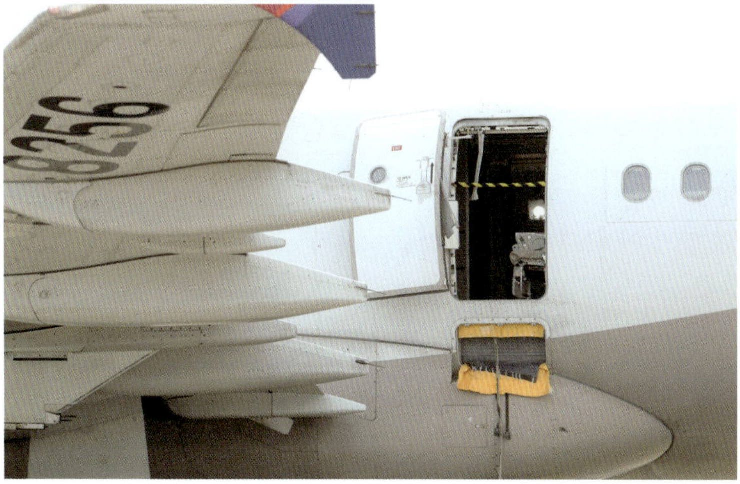
©연합뉴스

공기 도어 개방 건으로 기소된 국내 첫 사례이다.

이처럼 항공기 도어를 의도적으로 개방하는 것은 항공보안법에 의해 처벌을 받는다. 항공보안법 제23조와 제46조에는 항공기의 보안이나 운항을 저해하기 위해 출입문·탈출구를 임의로 조작하려는 자에 대한 제재 규정이 있다.

(2) 비상 탈출 장비 오작동 사례

2023년 6월 10일, 뉴욕발 LA행 델타항공 여객기가 이륙하기 전 지상에서 비상 탈출 장비(escape device)가 팽창되어 근처에 있던 객실승무원이 부상을 입었다. 비상 탈출 장비는 원래 항공기 도어 바깥쪽으로 팽창되어야 하지만, 도어가 닫힌 상태에서 팽창되는 바람에 기체 내부로 밀려들면서 벌어진 일이었다. 해당 여객기는 목적지에 도착하기 전 기체 결함으로 솔트레이크시티 국제공항에 긴급 착륙한 상태였으며, 정비를 마치고 이륙을 시도하다 비상 탈출 장비가 터진 것이다. 결국 탑승객 168명은 다른 비행편으로 옮겨 타고 뒤늦게 LA 국제공항으로 향했다.

참고영상

(3) 도어를 화장실 문으로 착각한 사례

2018년 9월 22일, 인도 항공사인 고에어(GoAir)의 여객기가 델리에서 출발하여 파트나로 향하던 중 승객이 항공기 도어를 화장실 문으로 착각하여 핸들을 잡아당겼다. 마침 주변의 승객이 그를 발견하여 객실승무원과 함께 제지했다. 기체 내부와 외부의 압력 차이로 도어가 열리지는 않았으나 주변 승객들은 몹시 놀랐다. 난생처음 비행기를 타본 해당 승객은 화장실에 가려고 했다고 해명했다.

이와 비슷한 일이 국내에서도 있었다. 2017년 2월 5일, 베트남 다낭행 대한항공 여객기가 인천 국제공항에서 주기 중일 때 60대 여성이 항공기 도어의 레버를 잡아당겨 도어가 강제 개방되고, 이로 인해 비상 탈출용 슬라이드가 펼쳐졌다. 이 승객 또한 도어를 화장실 문으로 오인했던 것이다. 해당 여객기는 재정비하느라 출발이 3시간가량 지체되었다. 의도적이지 않더라도 출입문·탈출구를 조작하려고 시도하는 행위는 항공보안법상 처벌의 대상이 된다.

항공 지식

하늘 높이 날고 있는 항공기의 도어는 왜 열리지 않을까?

항공기가 순항 고도(약 35,000ft)로 운항 중일 때는 항공기 내부와 외부의 압력 차이로 내부 표면 $1in^2$ 당 약 4.5kg의 압력이 가해진다. 이를 도어에 적용하면 도어를 여는 데 약 14t의 힘이 필요하다는 의미이다. 따라서 항공기가 순항 중일 때 사람의 힘으로 도어를 여는 것은 불가능에 가깝다.

그리고 기종마다 다르지만 도어에는 flight locking system이 설치되어 있다. 이는 도어 외부와 내부의 압력 차이가 크지 않은 지상이나 일정 고도에서 실수로 도어가 열리는 것을 방지하기 위한 잠금 장치이다. 항공기가 일정 속도 또는 일정 고도에 다다르면 flight locking system에 의해 도어가 자동으로 잠겨 사고를 예방한다.

3) 항공기 도어의 구성 요소

항공기 도어는 평상시에는 승객이 탑승 및 하기하는 출입구이지만 비상시에는 탈출구로 사용되므로 원활한 비상 탈출을 위해 전 객실에 고르게 분포되어 있다. 항공기의 종류와 도어의 위치에 따라 도어의 형태가 조금씩 다르지만 구성 요소와 용도는 유사하다. 객실승무원은 도어를 제대로 작동하기 위해 도어의 구성 요소와 용도, 사용법을 정확히 익혀야 한다.

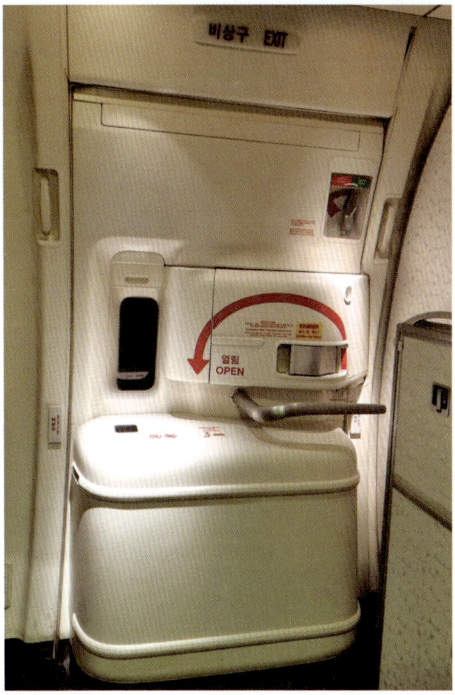

B777

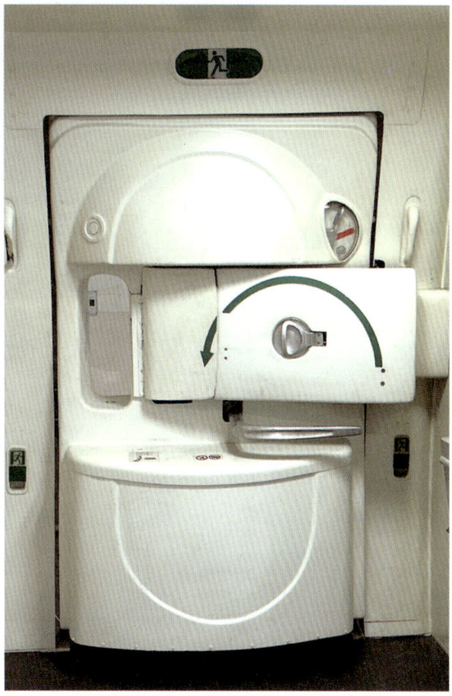

B787

B737

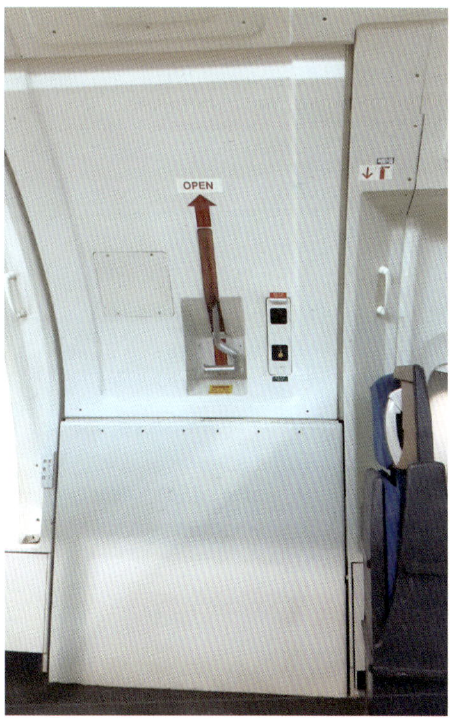

B747(U/D)

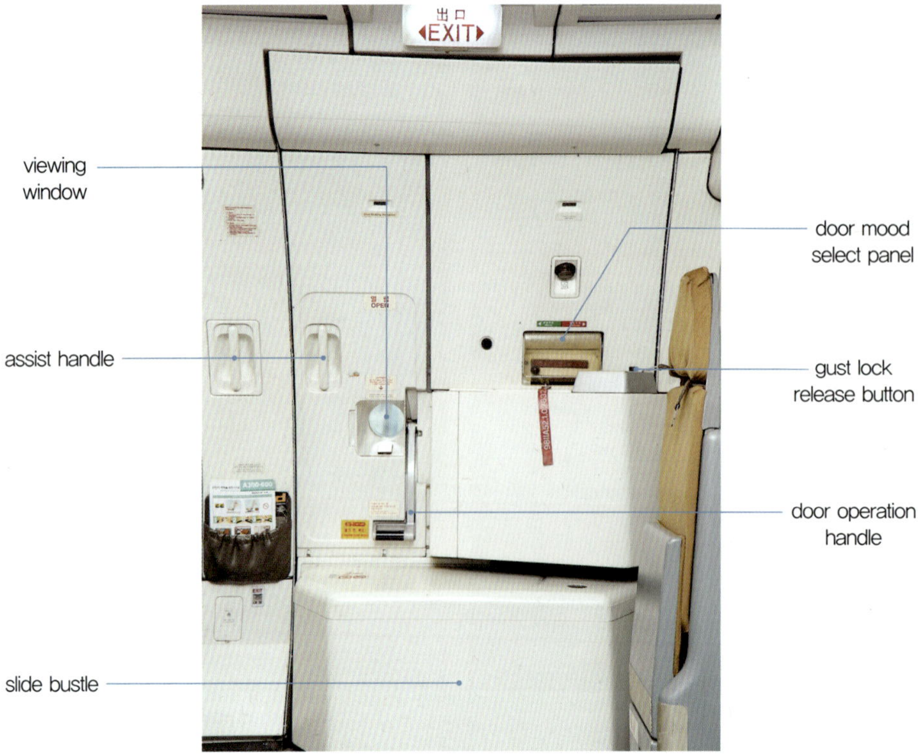

(1) door operation handle

도어 중앙에 있는 핸들로, 도어를 열고 닫을 때 사용한다.

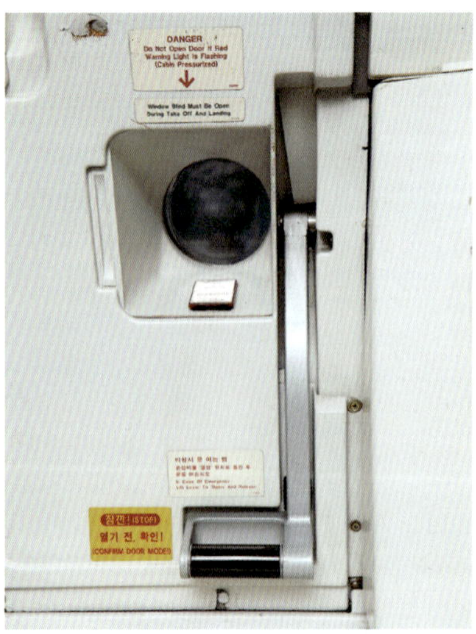

(2) assist handle

도어와 동체 벽면에 부착되어 있는 핸들로, 객실승무원이 도어를 열고 닫을 때 추락하는 것을 방지하기 위해 사용한다.

(3) viewing window

외부 상황을 파악하기 위한 창문으로, 이착륙할 때는 창문 덮개가 반드시 열려 있어야 한다.

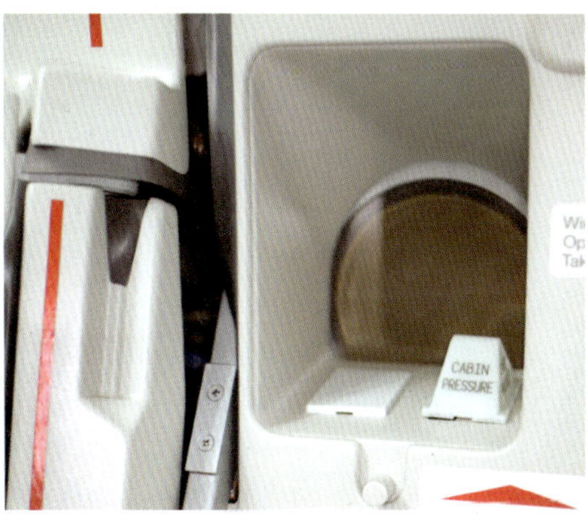

Thinkstock/Getty Images

A330

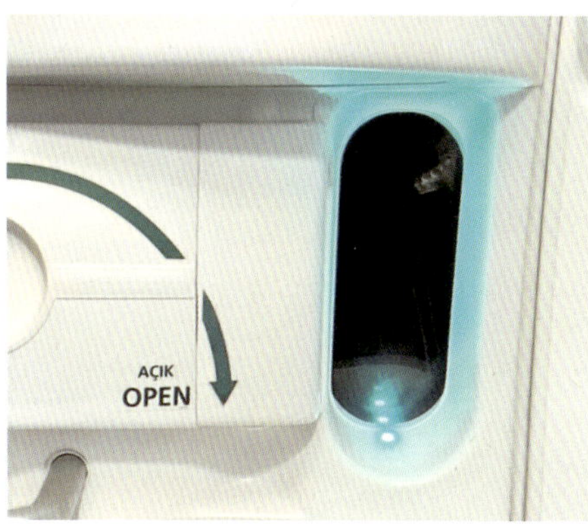

gerenme/iStock/Getty Images Plus

B787

(4) gust lock release lever(button)

도어를 열었을 때 바람 등에 의해 도어가 움직이고 닫힐 수도 있어 자동으로 고정되는데, 이렇게 고정되는 것을 거스트록(gust lock)이라고 한다. 도어를 닫으려면 거스트 록을 해제해야 하며, gust lock release lever(button)는 거스트 록을 해제하는 장치이다.

A300

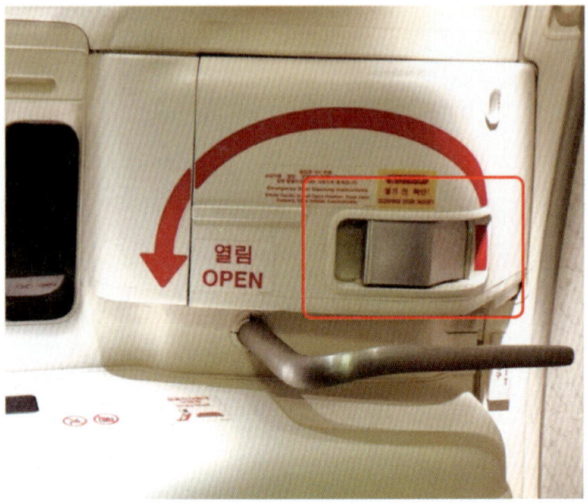

B777

(5) door locking indicator

도어가 잘 닫혔는지 확인할 수 있는 장치로, 'locked'로 되어 있으면 제대로 닫힌 것이고 'unlocked'로 되어 있으면 제대로 닫히지 않은 것이다.

B787

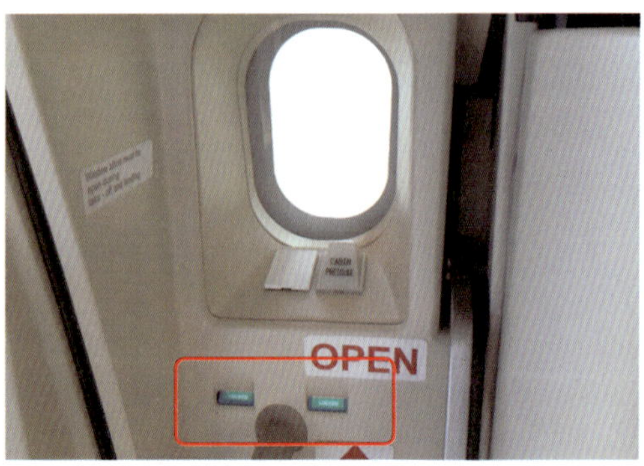

A330

(6) slide arming lever(도어 모드)

도어를 정상 위치 또는 팽창 위치로 변경하는 레버이다.

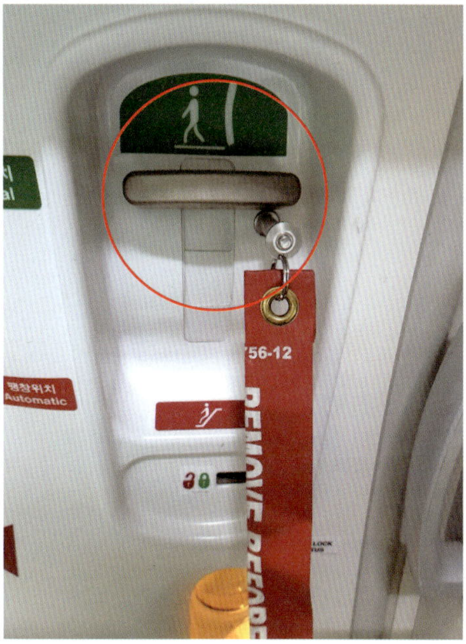

A220

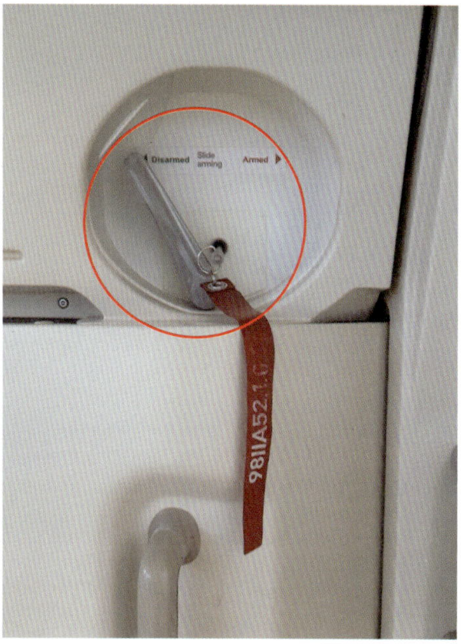

A380

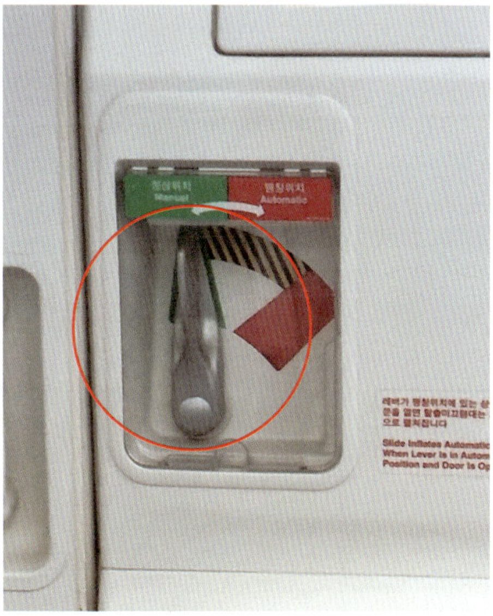

B777

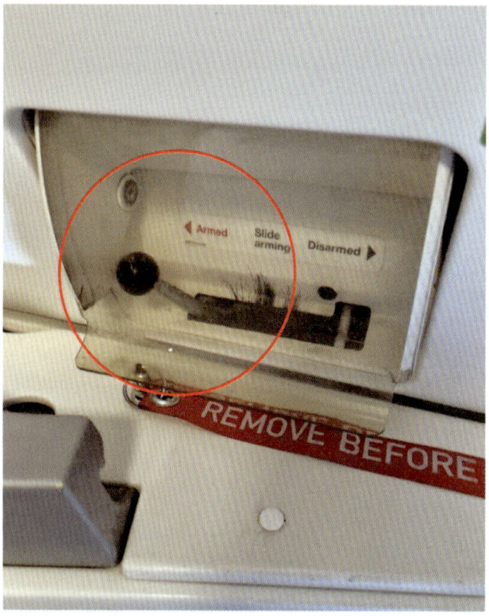

A330

(7) girt bar(소형기)

비상 탈출 장비를 항공기에 고정할 때 사용하는 장치이다.

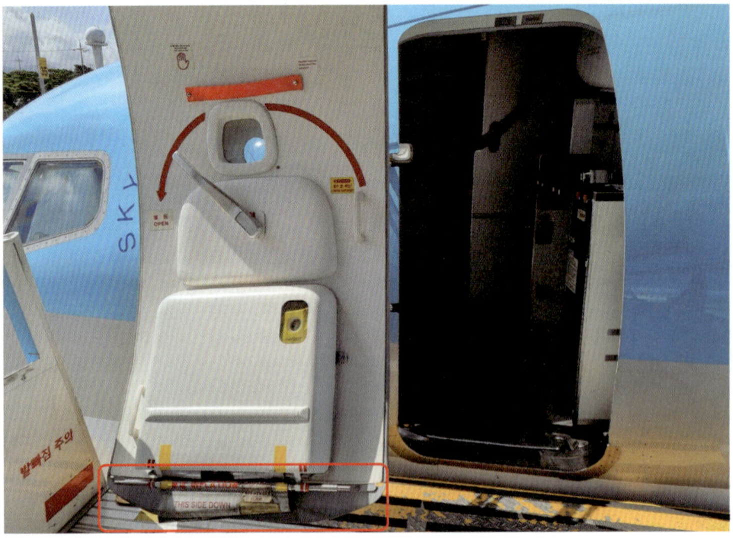

B737

(8) slide bustle

비상 탈출 장비가 보관되어 있는 하드 케이스를 말한다.

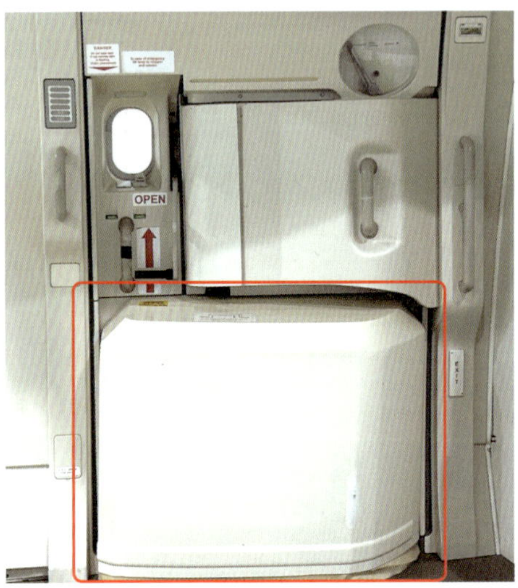

(9) escape device gas bottle pressure gauge

비상 탈출 장비를 팽창시키는 가스통의 충전 상태를 나타내는 게이지이다.

B777의 escape device gas bottle pressure gauge

escape device gas bottle pressure gauge

(10) pneumatic power cylinder

비상 탈출을 하기 위해 도어를 팽창 위치에서 작동할 때 도어가 자동으로 열리게 하는 압축 공기의 힘을 말한다.

02 중·대형기의 도어

제조사, 기종, 항공사의 마케팅 전략에 따라 다르기는 하지만 중·대형기는 대개 통로가 2개, 좌석이 200~500석이고, 일부 기종(A380, B747)은 2층 구조이다. 중·대형기는 운항할 수 있는 최대 거리가 길어 주로 중·장거리 노선에 투입되고 있다. 보잉과 에어버스는 각각 대표적인 항공기에 자사의 특징을 반영하는데, 대형기인 보잉의 B747과 B777, 에어버스의 A380을 위주로 도어를 살펴보자.

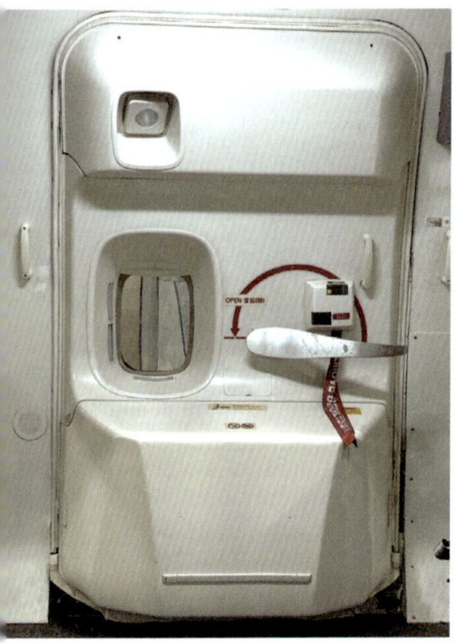
B747

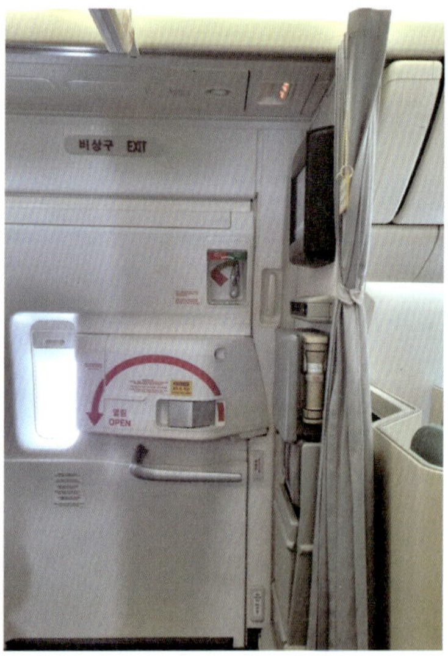

B777

A380

B747의 메인덱(main deck)에는 10개의 도어가 있고 어퍼덱(upper deck)에는 1개의 비상 탈출구가 있다. 승객의 탑승과 하기에는 주로 L1, L2 도어를 사용하며, 어퍼덱의 비상 탈출구는 비상 탈출용으로만 사용한다. 메인덱의 도어(L3, R3)와 어퍼덱의 도어에는 슬라이드(slide)가 장착되어 있고, 그 밖의 도어에는 슬라이드/래프트(slide/raft)가 장착되어 있다.

AirP72/Shutterstock.com

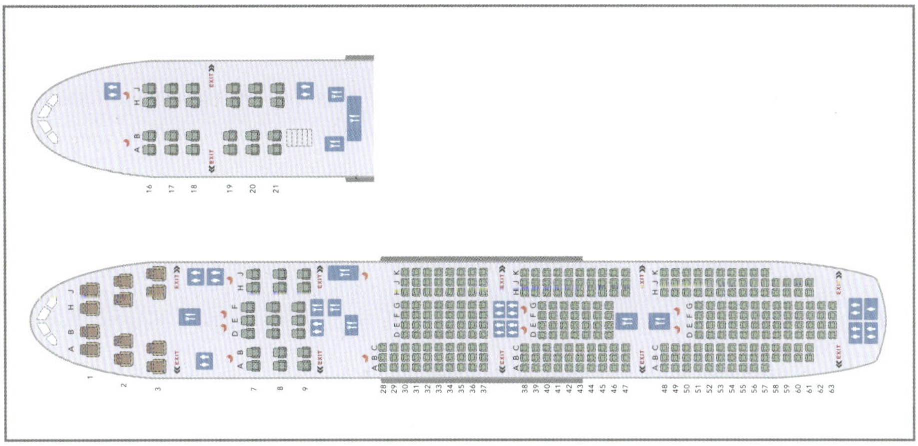

B747의 배치도 예시

B777의 메인덱에는 10개의 도어가 있으며, 승객의 탑승과 하기에는 주로 L1, L2 도어를 사용한다. 메인덱의 도어(L3, R3)에는 슬라이드가 장착되어 있고, 그 밖의 도어에는 슬라이드/래프트가 장착되어 있다.

Markus Mainka/Shutterstock.com

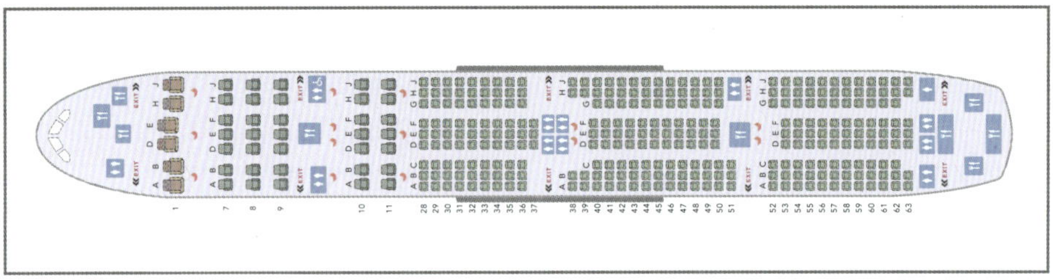

B777의 배치도 예시

A380의 경우 메인덱에 10개, 어퍼덱에 6개의 도어가 있고 2층 전체가 복층 구조이다. 승객이 탑승하고 하기할 때는 주로 L1, L2, UL1 도어를 사용한다. 조종실은 M/D와 U/D 중간에 위치하며, M/D 계단을 이용하여 출입이 가능하다. 다른 항공기와 달리 A380의 조종실 방탄문 앞에는 프라이버시 도어(privacy door)가 설치되어 있어, 조종실에 출입하려면 프라이버시 도어와 방탄문을 통과해야 한다. 메인덱의 도어(L3, R3)에는 슬라이드가 항공기 동체 내부에 장착되어 있고, 그 밖의 도어에는 슬라이드/래프트가 슬라이드 버슬 내부에 장착되어 있다.

Thiago B Trevisan/Shutterstock.com

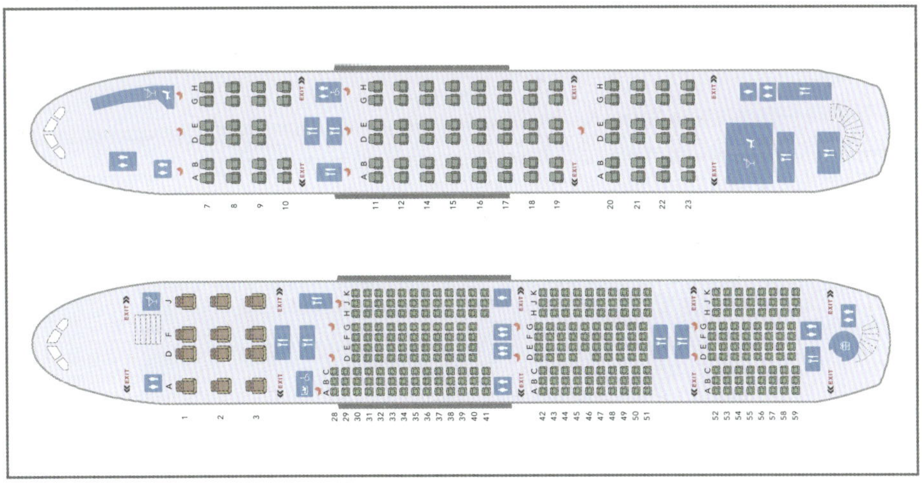

A380의 배치도 예시

1) 도어 모드 변경

실습영상

도어 모드를 변경하는 것은 슬라이드/래프트의 팽창 여부를 결정하는 것이며, 항공기가 출발하기 전, 목적지에 도착한 후 도어 모드 변경 절차를 거쳐야 한다. 도어를 열기 전에 반드시 상황에 맞는 모드로 변경하고, 슬라이드/래프트의 오작동을 방지하기 위해 철저히 확인해야 한다.

- **출발 전**: 정상 위치(disarmed) → 팽창 위치(armed)
- **도착 후**: 팽창 위치(armed) → 정상 위치(disarmed)

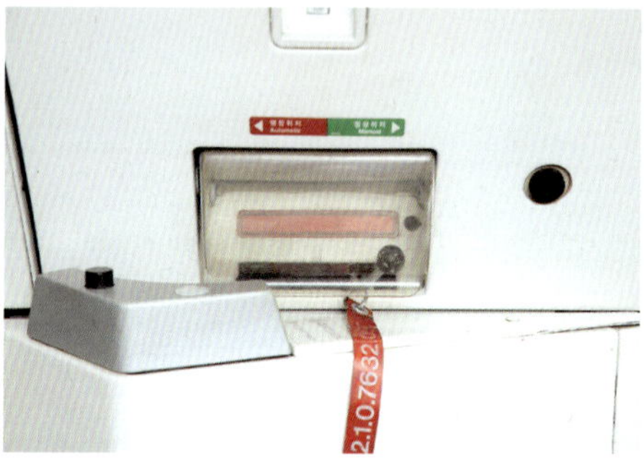

정상 위치

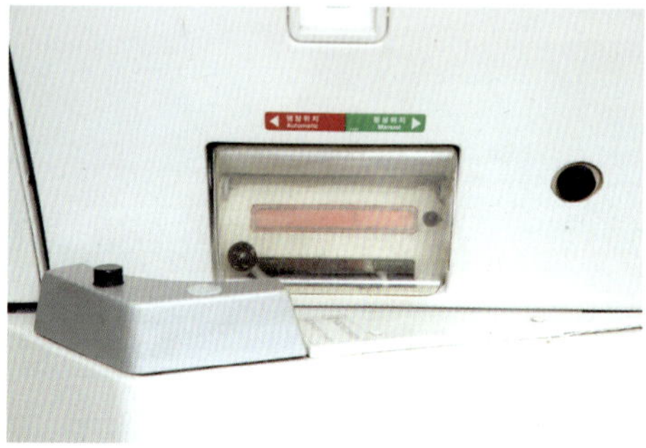

팽창 위치

일부 기종에는 safety pin이 있다. 이는 의도치 않은 도어 모드 변경을 방지하기 위한 장치로, 기종에 따라 형태가 다르다.

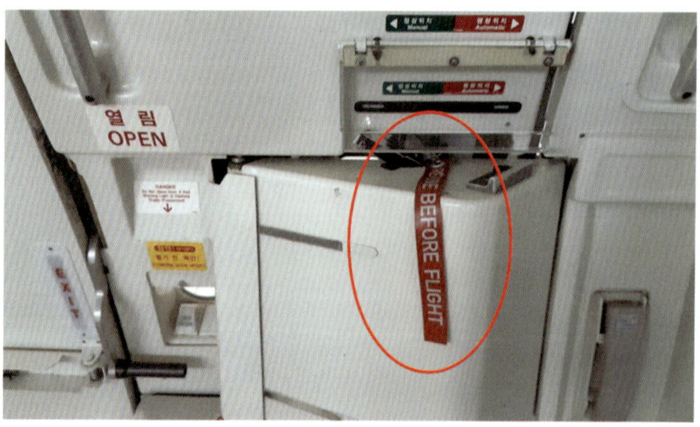

A330의 safety pin

2) 도어 작동법

(1) 도어 닫기

실습영상

① assist handle을 잡고 gust lock release lever(button)로 거스트 록을 해제한다.

② assist handle을 잡은 채로 도어를 안쪽으로 잡아당긴다.

③ 도어가 거의 닫혔을 때 door operation handle을 화살표 반대 방향으로 완전히 돌려 도어를 닫는다.

④ door operation handle을 강하게 눌러 도어가 제대로 닫혔는지 확인한다.

⑤ 도어 프레임에 이물질이 없는지 확인한다.

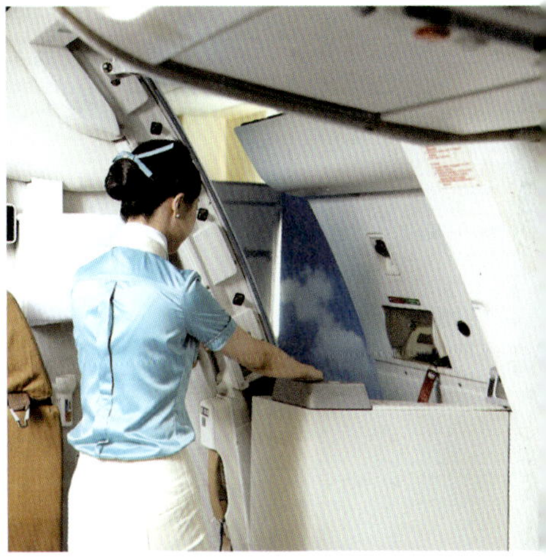

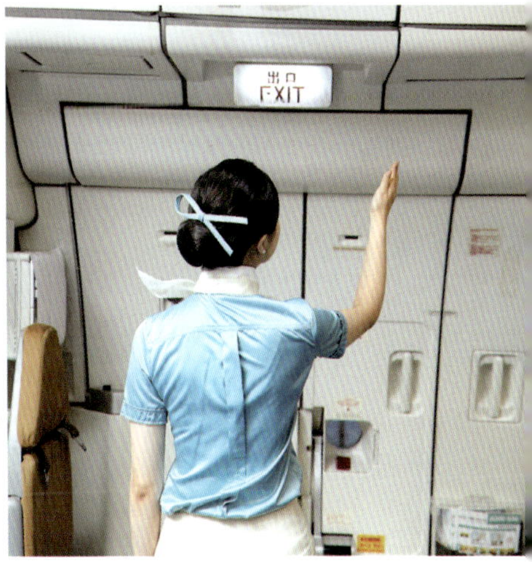

(2) 항공기 출발 전(도어를 닫은 후) 도어 모드 변경

① door mode select panel의 커버를 연다.

② safety pin을 뺀 다음 red flag를 접어서 보이지 않도록 정해진 위치에 보관한다.

③ arming lever를 팽창 위치로 옮긴다.

④ arming lever가 팽창 위치에 있는지 맞은편 도어의 객실승무원과 상호 확인한다.

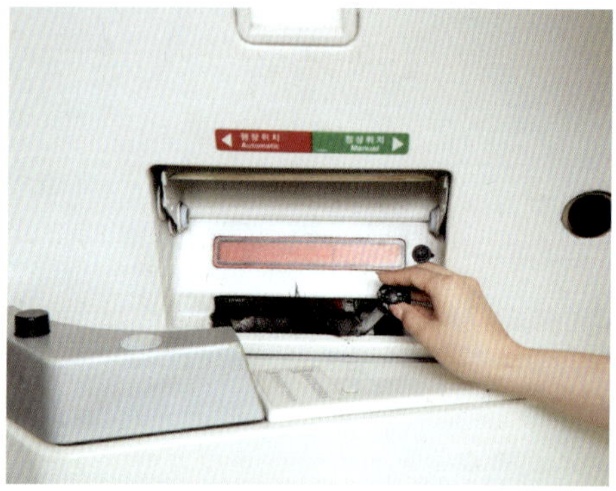

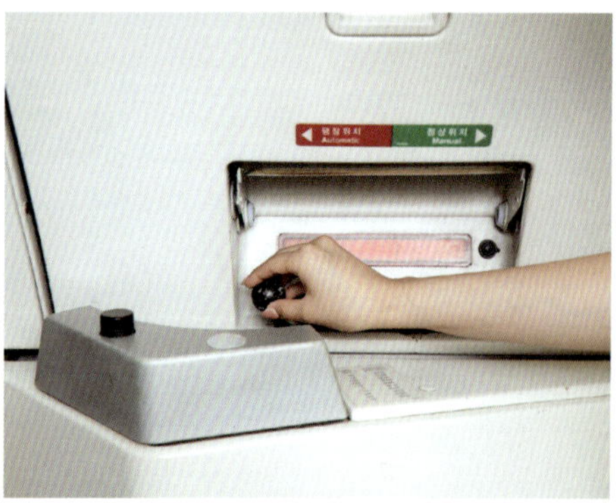

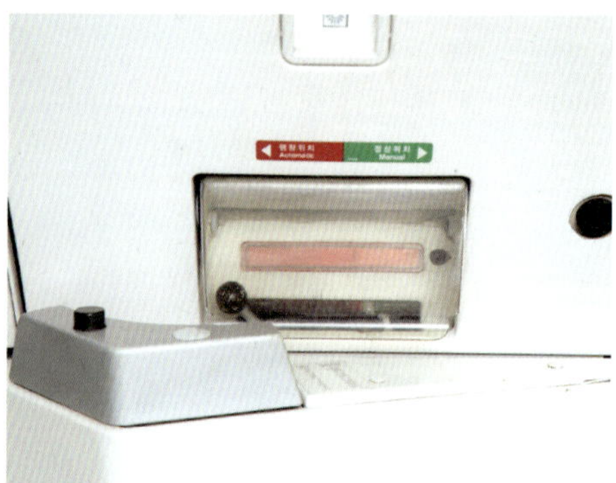

(3) 목적지 도착 후(도어를 열기 전) 도어 모드 변경

① door mode select panel의 커버를 연다.

② arming lever를 정상 위치로 옮긴다.

③ safety pin을 끼워 arming lever를 고정한다.

④ arming lever가 정상 위치에 있는지 맞은편 도어의 객실승무원과 상호 확인한다.

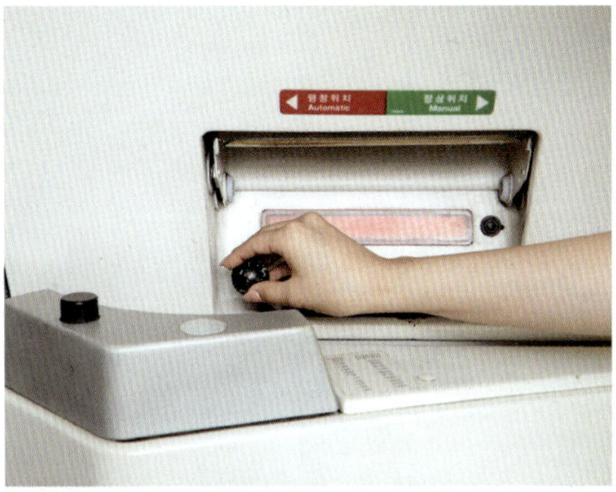
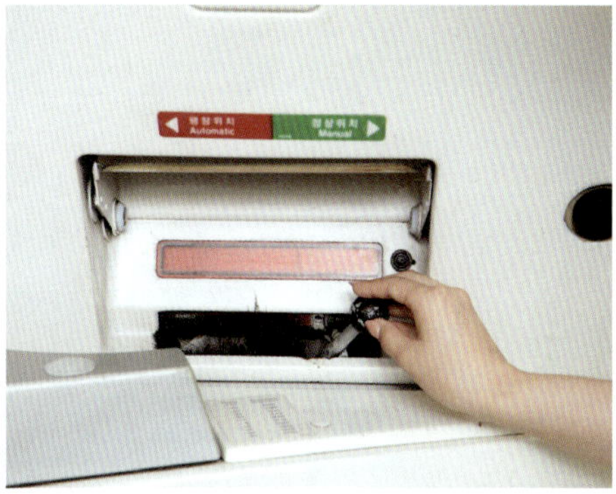

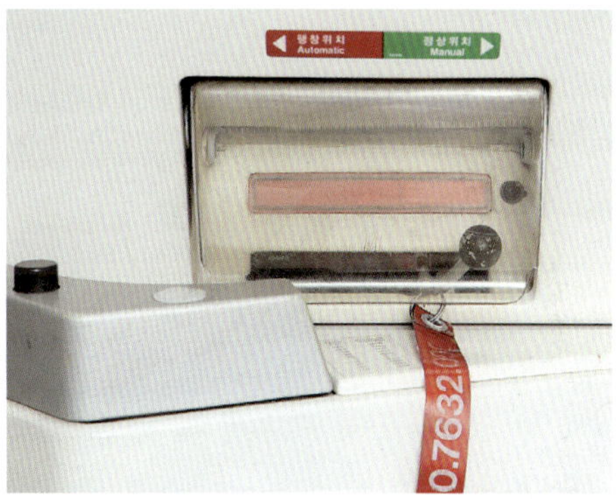

(4) 내부에서 도어 열기

실습영상

실습영상

① 좌석벨트 착용 표시등이 꺼졌는지 확인한다.

② 외부 상황을 확인한다.

③ arming lever가 정상 위치에 있는지 확인한다.

④ assist handle을 잡고 door operation handle을 화살표 방향으로 완전히 돌린다.

⑤ assist handle을 잡은 채로 도어가 거스트 록이 될 때까지 바깥쪽으로 민다.

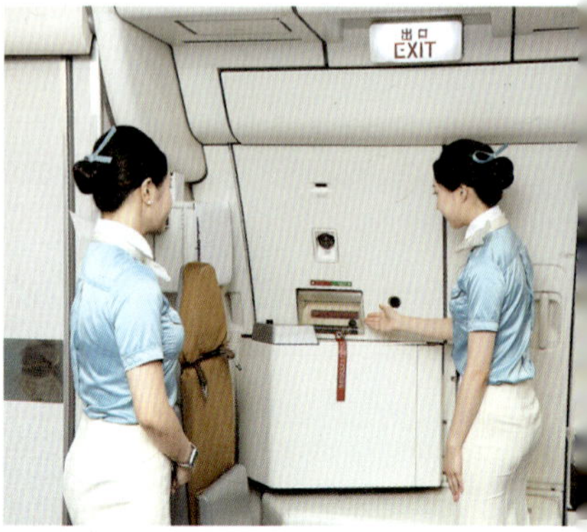

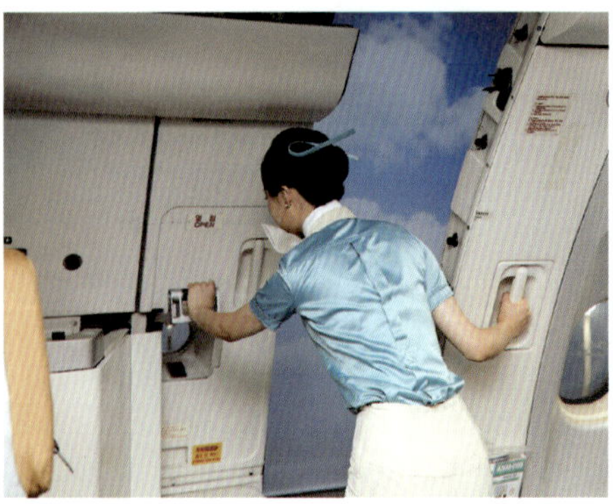

(5) 외부에서 도어 열기

일부 기종을 제외하고는 승객 하기 시 통상적으로 외부에서 도어를 개방한다. 외부에서 도어를 개방하면 도어 모드의 상태(정상 또는 팽창)와 상관없이 비상 탈출 장비가 팽창되지 않고 도어가 열린다. 외부에서 도어를 열 때는 운송 직원이 viewing window를 통해 수신호를 하고, 내부에 있는 객실승무원과 상호 확인한 후 도어 개방 여부를 결정한다.

실습영상

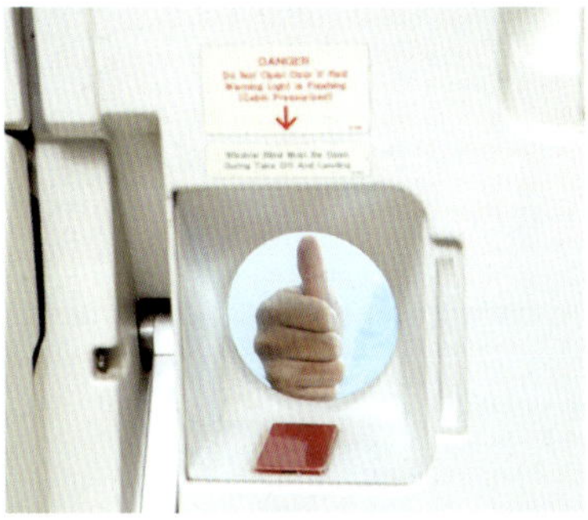

외부 수신호

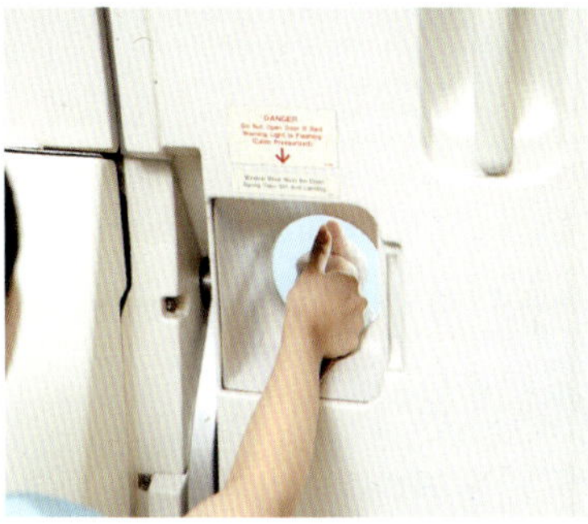

내외부 수신호(도어 개방 가능)

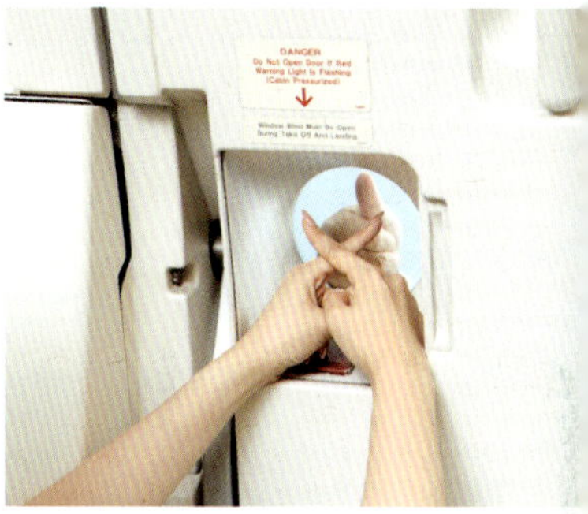

내외부 수신호(도어 개방 불가)

03 소형기의 도어

B737을 기준으로 소형기의 도어를 살펴보자. B737의 도어는 객실 전방에 2개, 후방에 2개이며, 날개 위 좌우에 각각 2개의 overwing window exit door(hatch)가 있다. 전방 좌측의 도어는 주 출입구로 사용되고 overwing window exit door는 비상 탈출구로만 사용된다. 그러나 비상 탈출 장비가 장착되어 있지 않기 때문에 날개 위를 걸어 나와 날개 앞뒤를 통해 탈출해야 한다. 또한 메인도어에는 girt bar가 설치되어 있어 객실승무원이 직접 girt bar를 변경해야 하므로 도어 개폐 전에 주의가 필요하다.

B737

Starz12/Shutterstock.com

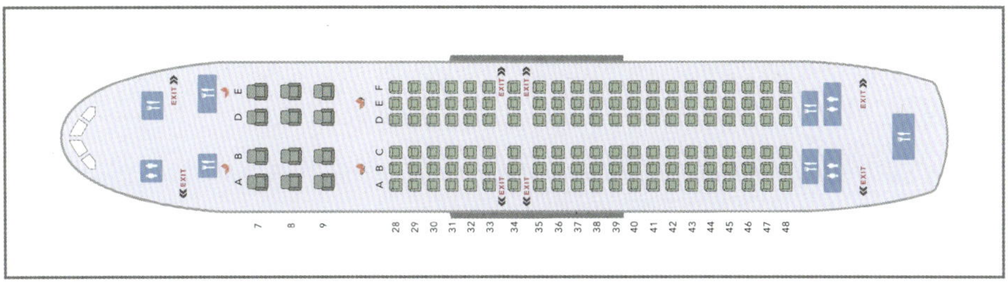

B737의 배치도 예시

1) 도어 모드 변경

소형기의 도어를 열고 닫는 기본적인 절차는 중·대형기와 동일하나 B737 등의 일부 기종은 도어 모드를 변경하는 방법이 중·대형기와 다르다. 객실승무원이 직접 동체의 고정 장치와 도어의 고정 장치에 girt bar를 걸어 모드를 변경하는 방식이며, 절차를 제대로 준수하지 않으면 슬라이드/래프트의 오작동이 발생할 가능성이 크기 때문에 주의해야 한다.

2) 도어 작동법

(1) 도어 닫기

① assist handle을 잡고 gust lock release lever(button)로 거스트 록을 해제한다.

② assist handle을 잡은 채로 도어를 안쪽으로 잡아당긴다.

③ 도어가 거의 닫혔을 때 door operation handle을 화살표 반대 방향으로 완전히 돌려 도어를 닫는다.

④ door operation handle을 강하게 눌러 도어가 제대로 닫혔는지 확인한다.

⑤ 도어 프레임에 이물질이 없는지 확인한다.

(2) 항공기 출발 전(도어를 닫은 후) 도어 모드 변경

① red warning flag를 윈도우에 사선으로 부착한다.

② 도어의 girt bar를 도어 고정 장치에서 분리한다.

③ 항공기 바닥에 있는 고정 장치(bracket)에 girt bar를 건다.

④ girt bar가 팽창 위치에 있는지 맞은편 도어의 객실승무원과 상호 확인한다.

(3) 목적지 도착 후(도어를 열기 전) 도어 모드 변경

① 항공기 바닥에 있는 고정 장치에서 girt bar를 분리한다.

② 도어의 슬라이드 버슬에 있는 고정 장치에 girt bar를 건다.

③ red warning flag를 떼어 door viewing window 상단에 부착한다.

④ girt bar가 정상 위치에 있는지 맞은편 도어의 객실승무원과 상호 확인한다.

(4) 도어 열기

① 좌석벨트 착용 표시등이 꺼졌는지 확인한다.

② 외부 상황을 확인한다.

③ red warning flag가 door viewing window 상단에 있는지 확인한다.

④ girt bar가 정상 위치에 있는지 확인한다.

⑤ assist handle을 잡고 door operation handle을 화살표 방향으로 완전히 돌린다.

⑥ assist handle을 잡은 채로 도어가 거스트 록이 될 때까지 바깥쪽으로 민다.

04 기타 도어

1) overwing window exit door(hatch)

B737, A220 등의 날개 위에는 overwing window exit door가 있다. 이는 승객 좌석 옆에 설치되어 있어 비상 탈출 시 승객이 객실승무원의 지시를 받고 열 수 있다. overwing window exit door는 내부에서 개방이 가능하므로 지상에서 승객이 임의로 열 가능성이 있다. 따라서 이를 방지하기 위해 이착륙 시 그리고 운항 중 일정 속도 이상이 되면 flight locking system에 의해 자동으로 잠겨 내부에서 개방할 수 없도록 제작된다. overwing window exit door는 손잡이를 아래 방향으로 잡아당기면 자동으로 열리면서 동체 바깥으로 올라가 고정된다.

vesperstock/Shutterstock.com

overwing window exit door의 내부

yllyso/Shutterstock.com

VDB Photos/Shutterstock.com

날개 위로 비상 착륙 시 승객의 탈출 방향

2) cockpit exit door

조종실에도 비상 탈출구가 있다. 비상사태 시 조종사는 조종실 천장에 있는 비상 탈출용 로프를 풀어 cockpit exit door 밖으로 던지고, 이 로프를 이용하여 탈출한다.

KITTIKUN YOKSAP/Shutterstock.com

First Class Photography/Shutterstock.com

05 비상 탈출 장비

비상사태 시 신속히 탈출할 수 있도록 항공기에는 슬라이드/래프트, 슬라이드, 구명정 등이 장착되어 있다. 도어의 형태, 지상으로부터의 높이에 따라 장착된 비상 탈출 장비가 다르며, 비상 탈출의 유형(착륙/착수)에 따라 적합한 것을 사용한다. 비상사태 시 비상 탈출 장비가 압축 이산화탄소와 질소에 의해 팽창되는 데에는 약 7~8초가 소요된다. 객실승무원은 비상 탈출 장비가 충분히 팽창된 것을 확인한 뒤 승객을 탈출시키며, 이때 비상 탈출 장비를 손상할 우려가 있는 힐을 신거나 수하물을 챙기지 않도록 해야 한다.

1) 슬라이드/래프트

비상 착륙 시 슬라이드/래프트는 지상으로부터 2~3m 높이에서 펼쳐지므로 경사가 상당이 가파르다. 슬라이드/래프트를 이용할 때는 부상을 입지 않도록 허리와 목을 세우고 양팔을 앞으로 뻗어야 한다. 그리고 혼자 슬라이드/래프트를 탈 수 없는 유·소아는 동반자가 안고 탄다.

비상 착수 시에는 슬라이드/래프트가 구명정으로 활용된다. 동체와 수면의 높이가 비슷한 상태에서 슬라이드/래프트에 탑승할 때는 자세를 낮추고 기어서 탑승해야 한다. 객실승무원은 승객의 탑승이 완료되면 동체에 연결된 구명정을 분리하고, 승객들에게 팔로 노를 저어 동체로부터 멀리 대피하도록 지시한다.

• 비상 착륙 시 미끄럼틀로 사용된다.

• 비상 착수 시 구명정으로 사용된다.

ROSLAN RAHMAN/Staff/AFP/Getty Images

baranozdemir/iStock/Getty Images Plus

2) 슬라이드

참고영상

비상 착륙 시 미끄럼틀로 사용되는 슬라이드는 구명정으로 사용할 수 없기 때문에 비상 착수 시에는 슬라이드를 동체에서 분리하여 부유물로 사용한다. 이때 승객은 물로 뛰어들어 슬라이드까지 헤엄쳐 가서 잡고 구조를 기다린다.

- 비상 착륙 시 미끄럼틀로 사용된다.
- 비상 착수 시 부유물로 사용된다.

STR/Stringer/AFP/Getty Images

3) 구명정

구명정(life raft)은 강이나 바다에 비상 착수했을 때 사용하는 보트로, 항공기에 슬라이드/래프트가 장착되어 있지 않거나 탑승 인원 대비 래프트가 충분히 구비되지 않은 장거리 해상 비행 시 별도로 탑재된다. 구명정 팩을 물에 던지면 자동으로 팽창되며, 승객은 물로 뛰어들어 구명정까지 헤엄쳐 가서 탑승한다.

• 비상 착륙 시 사용할 수 없다.

Tong Yu/China News Service/Getty Images

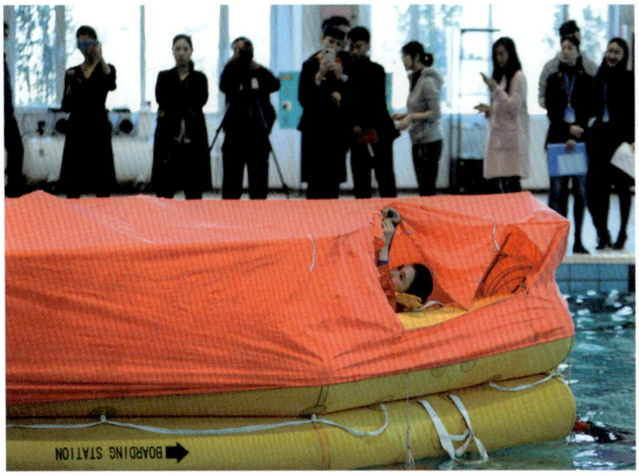

Tong Yu/China News Service/Getty Images

항공 지식

비상 탈출 장비가 오작동한 경우 승객이 왜 하기할까?

참고영상

안전한 비상 탈출을 위해 항공기의 각 도어에는 슬라이드/래프트 등의 비상 탈출 장비가 장착되어 있다. 이러한 비상 탈출 장비에 탑승할 수 있는 인원수는 정해져 있으며, 만석일 경우 모든 비상 탈출 장비가 정상적으로 운용 가능하다는 전제하에 항공기를 운항할 수 있다.

그러나 만약 오작동으로 인해 비상 탈출 장비가 팽창되어 사용할 수 없게 된다면 그 비상 탈출 장비를 떼어내고 운항하면 되지 않을까 싶을 수도 있으나, 비상 탈출 요건이 충족되지 않아 운항이 불가능하다. 이러한 경우 만석이라면 해당 비상 탈출 장비로 탈출할 승객(약 50~60명)은 하기하여 다른 비행편으로 옮겨 타야 하고, 빈 좌석이 있다면 해당 비상 탈출 장비로 탈출할 승객은 다른 도어 쪽의 좌석으로 옮겨 앉는다.

06 안전 점검

항공기의 지상 이동을 위한 객실 준비 상태를 점검하기 위해 도어 모드를 변경하고 다음과 같이 안전 점검(safety check) 절차를 수행한다.

	객실사무장		객실승무원
1단계	"항공기 출입문 닫겠습니다."	→	도어 스탠바이
2단계	1st all attendant call "Cabin crew, safety check and cross check!"	→	도어 모드 변경, 맞은편 도어의 객실승무원과 상호 확인
3단계	2nd all attendant call	→	"L4, safety check!"

1) 안전 점검 절차

실습영상

(1) 1단계

① 객실사무장이 PA를 통해 도어 닫기를 안내한다. ⇨ "항공기 출입문 닫겠습니다."

② 객실승무원은 하던 일을 멈추고 담당 도어에서 스탠바이한다.

(2) 2단계

① 객실사무장은 1st all attendant call을 통해 도어 모드 변경을 지시한다. ⇨ "Cabin crew, safety check and cross check!"

② 객실승무원은 도어 모드를 변경한다.

③ 맞은편 도어의 객실승무원과 상호 확인한다.

(3) 3단계

① 객실사무장은 2nd all attendant call을 한다.

② L 사이드 최후방 객실승무원부터 차례대로 보고한다. ⇨ "L4, safety check!"

③ 응급 환자 발생 등 비정상 상황의 경우 즉시 객실사무장에게 보고한다.

항공 지식

왜 안전 점검 절차를 준수해야 할까?

도어 모드 변경은 비상 탈출을 위한 준비를 수행하는 것과 마찬가지이다. 도어 모드를 정상 위치에서 팽창 위치로 변경하면 비상 탈출 시 사용되는 슬라이드/래프트가 바로 팽창될 수 있도록 준비된다. 도어 모드 변경 절차를 정확히 준수하지 않으면 슬라이드/래프트의 오작동이 발생할 수도 있으므로 주의를 기울이는 등 객실승무원은 언제 발생할지 모를 비상사태에 철저히 대비해야 한다.

2) 도어 관련 실습

<table>
<tr><td colspan="6">안전 업무 체크리스트</td></tr>
<tr><td>실습일</td><td colspan="2">년 월 일</td><td>실습 과목명</td><td colspan="2"></td></tr>
<tr><td>학번</td><td></td><td>이름</td><td></td><td>평가자</td><td></td></tr>
<tr><td>실습 주제</td><td colspan="5">안전 점검 절차, 도어 개폐</td></tr>
<tr><td>실습 목표</td><td colspan="5">• 항공기 출발 전, 도착 후 도어 모드를 변경하고 보고할 수 있다.
• 규정에 따라 도어를 열고 닫을 수 있다.</td></tr>
<tr><td colspan="4">실습 내용</td><td>Pass</td><td>Fail</td></tr>
<tr><td rowspan="5">출발 전
또는
도착 후</td><td colspan="3">객실사무장의 PA를 듣고 담당 도어에서 스탠바이했는가?</td><td></td><td></td></tr>
<tr><td colspan="3">객실사무장의 1st all attendant call에 응답했는가?</td><td></td><td></td></tr>
<tr><td colspan="3">객실사무장의 “Cabin crew, safety check and cross check!”라는 지시에 도어 모드를 적절히 변경했는가?</td><td></td><td></td></tr>
<tr><td colspan="3">맞은편 도어의 객실승무원과 상호 확인했는가?</td><td></td><td></td></tr>
<tr><td colspan="3">객실사무장의 2nd all attendant call에 응답했는가?
– 이상이 없는 경우
– 이상이 있는 경우</td><td></td><td></td></tr>
<tr><td rowspan="5">도어 열기</td><td colspan="3">좌석벨트 착용 표시등이 꺼졌는지 확인했는가?</td><td></td><td></td></tr>
<tr><td colspan="3">외부 상황을 확인했는가?</td><td></td><td></td></tr>
<tr><td colspan="3">도어 모드가 정상 위치인지 확인했는가?</td><td></td><td></td></tr>
<tr><td colspan="3">assist handle을 잡고 도어를 제대로 열었는가?</td><td></td><td></td></tr>
<tr><td colspan="3">거스트 록을 확인했는가?</td><td></td><td></td></tr>
<tr><td rowspan="3">도어 닫기</td><td colspan="3">거스트 록을 해제했는가?</td><td></td><td></td></tr>
<tr><td colspan="3">assist handle을 잡고 도어를 제대로 닫았는가?</td><td></td><td></td></tr>
<tr><td colspan="3">도어 프레임에 이물질이 없는지 확인했는가?</td><td></td><td></td></tr>
<tr><td colspan="6">안전 점검 절차와 도어 개폐를 실습한 후 자신의 생각을 정리해봅시다.</td></tr>
</table>

정리해보기

1. 평상시의 도어 개폐 절차를 정리하시오.

2. 비상 탈출 장비의 오작동을 예방하기 위한 객실승무원의 일상 안전 업무를 정리하시오.

CHAPTER **6**

비상·보안 장비

EMERGENCY & SECURITY EQUIPMENT

01 비상·보안 장비 점검

1) 비상·보안 장비 점검의 중요성

모든 비상·보안 장비는 항상 사용 가능하도록 정해진 위치에 놓고 수량과 상태를 유지·관리해야 한다. 비행 전후에 정비사가 점검하지만, 그럼에도 불구하고 언제든 비상 상황이 발생할 수 있으므로 철저한 대비가 필요하다. 따라서 객실승무원은 비상시 신속하게 사용할 수 있도록 이륙 전에 비상·보안 장비를 점검해야 한다.

2) 비상·보안 장비 점검 절차

항공기에 탑승한 객실승무원은 규정에 따라 각 구역의 비상·보안 장비를 점검한다. 만약 비상·보안 장비의 상태가 사용 가능 기준을 충족하지 않으면 즉시 객실사무장에게 보고하여 교체해야 한다.

Rsty2897/iStock/Getty Images Plus

비상 장비 보관 표시

비상 장비 보관 장소

생각해보기 객실승무원의 안전 업무에서 비상·보안 장비 점검이 왜 중요한가?

02 비상 장비

1) 비상 탈출 장비

(1) 손전등

손전등(flash light)은 비상 탈출 시 승객의 탈출을 유도하고 시야를 확보하는 데 사용된다. 객실승무원은 손전등이 정해진 위치에 있는지, 배터리가 충전되었는지 등을 점검해야 한다.

실습영상

① 고정 장치에서 손전등을 꺼내면 자동으로 불이 켜진다.
② 배터리를 분리하면 불이 꺼진다.
③ 최소 30분~최대 4시간 사용할 수 있다.

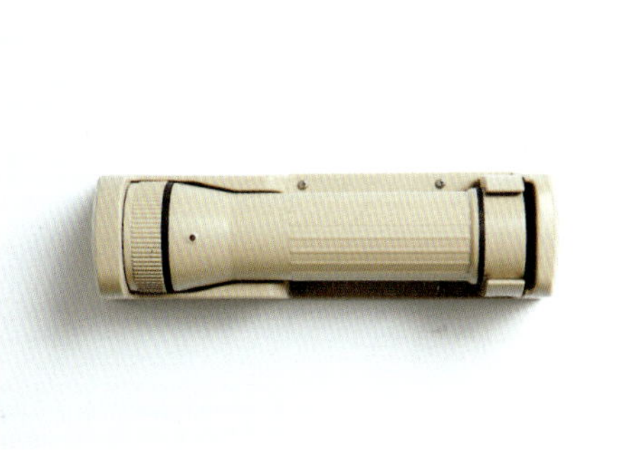

손전등을 이용한 비상 탈출 유도

항공 지식

손전등으로 어떻게 탈출을 지휘할까?

항공기 사고는 언제든지 발생할 수 있으며, 특히 비가 오는 밤에 사고가 발생하면 승객을 통제하고 지휘하는 데 큰 어려움이 있다. 실제로 항공기 사고를 겪은 객실승무원들의 이야기에 따르면, 동체가 파손되었을 때는 항공기 전체의 불이 꺼지고 비상등 스위치(ELS)가 작동하지 않을 수도 있다고 한다. 이러한 경우 앞이 보이지 않는 어둠 속에서 손전등 불빛에 의존하여 비상 탈출을 할 수밖에 없다.

(2) ELT

비상 착륙 또는 비상 착수 시 객실승무원은 ELT(emergency locator transmitter)를 가지고 탈출해야 한다. ELT는 신호를 보내 구조를 요청하는 장비로, 수분을 이용하여 신호를 발신하는 것도 있고 수분이 필요 없는 것도 있으나 기본 원리는 유사하다. RESCUE 406 SG의 경우 GPS 수신기가 내장되어 있어 비상 신호를 보낼 때 정확한 위치를 제공할 수 있다. 객실승무원은 정해진 위치에 ELT가 있는지 점검해야 한다.

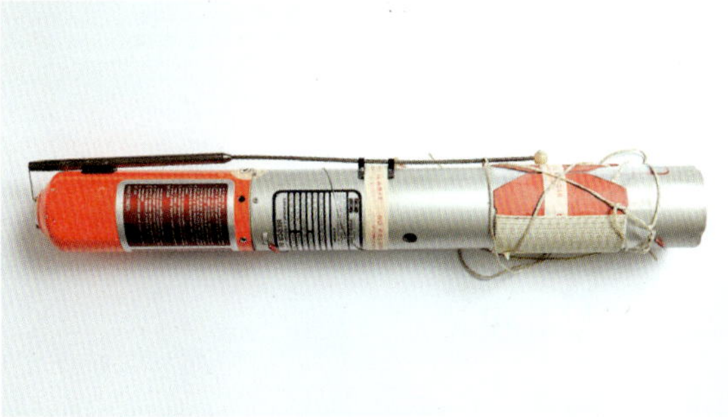

RESCUE 406

RESCUE 406 SG

ELT는 모델에 따라 사용법이 조금씩 다른데 RESCUE 406을 사용하는 방법은 다음과 같다.

지상에서 사용하는 경우

실습영상

① 안테나를 고정하는 water soluble tape를 풀어 안테나를 세운다.

② RESCUE 406의 하단 부분에 감긴 랜야드를 푼다.

③ 안쪽에 있는 플라스틱 봉지에 물 등의 수분을 담는다.

④ 가운데의 구멍으로 수분이 채워지면 전파가 발신된다.

■ 수상에서 사용하는 경우

① 랜야드를 이용하여 RESCUE 406을 슬라이드/래프트에 고정한다.

② RESCUE 406을 물에 던지면 겉면에 붙어 있는 water soluble tape가 자동으로 녹는다.

③ 안테나가 자동으로 세워지고 전파가 발신된다.

(3) 확성기

실습영상

확성기(megaphone)는 비상 탈출 시 승객에게 정보를 제공하고 승객의 탈출을 지휘하는 데 사용된다. 객실승무원은 확성기가 정해진 위치에 잘 고정되어 있는지, 제대로 작동하는지 등을 점검해야 한다. 확성기를 사용하는 방법은 다음과 같다.

① 고정 장치에서 확성기를 분리한다.

② 트리거를 눌러 사용한다.

③ 볼륨 조절 버튼을 이용하여 소리의 크기를 조절한다.

④ 사이드 핀을 뽑으면 사이렌이 울린다.

확성기를 이용한 비상 탈출 유도

(4) 구명조끼(구명복)

구명복이라고도 불리는 구명조끼는 비상 착수 시 사용하는 부양 장비로, 좌석 하단이나 팔걸이 하단에 구비되어 있다. 성인용, 유아용, 승무원용이 있으며, 비상사태 시 승무원과 승객을 식별할 수 있도록 승무원용과 승객용의 색상이 다르다. 성인용은 소아나 유아도 착용할 수 있으나 별도의 유아용 구명조끼가 탑재되어 있다. 구명조끼는 공기 부유방이 1개인지, 2개인지에 따라 형태가 조금 다르지만 기본적인 기능은 유사하다. 객실승무원은 구명조끼의 수량과 상태를 점검해야 한다.

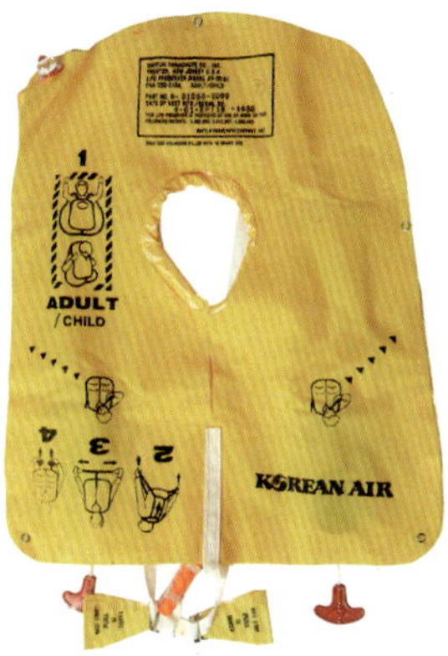

성인용

유아용

구명조끼는 탈출 직전에 비상구 앞에서 부풀려야 하며, 구명조끼를 착용하는 방법은 다음과 같다.

실습영상

① 구명조끼를 꺼내어 펼친다.

② 구명조끼를 머리 위로 입고 양쪽 스트랩 사이로 양팔을 넣는다.

③ 뒤쪽 스트랩을 당기고 허리끈을 조여 몸에 맞게 조절한다.

④ 구명조끼 하단의 붉은색 탭을 당겨 부풀린다.

⑤ 구명조끼가 부풀지 않을 때는 양쪽의 호스로 공기를 불어 넣는다(공기를 빼려면 호스 내부의 홀을 누른다).

항공사고 사례

1996년 11월 23일, 에티오피아의 아디스아바바에서 케냐의 나이로비로 향하던 에티오피아항공 여객기가 3명의 괴한에게 납치되었다. 조종실을 점령한 납치범들은 정치적 망명을 원한다면서 기장에게 호주로 가라고 명령했고, 이에 기장은 호주까지 갈 만큼의 연료가 없다고 설명했으나 납치범들은 막무가내였다. 노련한 기장은 기수를 돌리는 척하며 아프리카 대륙 동부 해안선을 따라 비행하다 결국 연료가 떨어져 코모로 제도 인근 해상에 비상 착수했다. 이때 피해를 최소화하기 위해 왼쪽 날개를 먼저 수면에 닿게 했으나 항공기 동체가 엄청난 충격을 받아 부서졌으며, 좌석벨트를 하지 않은 납치범들은 그 자리에서 사망했다. 또한 비상 착수 후 승무원의 지시를 따르지 않고 기내에서 미리 구명조끼를 부풀린 승객들도 기체에서 빠져나오지 못하여 사망했다. 승객 163명, 승무원 12명 중에서 승객 44명, 승무원 6명만 목숨을 건졌다.
이처럼 비상사태가 발생하면 승객들이 당황하여 자기 좌석에서 구명조끼를 부풀릴 수도 있다. 이렇게 되면 공기 부유방의 부피로 인해 움직임이 둔해지고, 좁은 기내 통로를 원활하게 빠져나오기 어렵다. 특히 이 사례와 같이 항공기가 물에 침몰한 경우라면 부풀린 구명조끼를 입고 잠수할 수 없어 탈출하기가 매우 어렵다.

2) 화재 진압 장비

(1) 할론 소화기

할론(halon) 소화기는 비전도성 할로겐 화합물 소화제로 화재의 연소 반응을 억제함으로써 화재를 진압하는 장비로, 약 10~20초간 분사할 수 있다. 보통 화재(종이, 목재, 섬유 등), 유류 화재(기름, 가연성 액체 등), 전기 화재(전기 기기, 전기 설비 등), 리튬 이온 배터리 화재 등 모든 화재에 사용할 수 있으며, 필요시 신체에 분사할 수도 있으나 산소를 차단하기 때문에 안면 부위는 피해야 한다. 종이, 의류, 짐, 고형 물질 등을 진압할 때는 할론 소화기의 분사물에 의해 불길이 번지지 않도록 주의한다. 객실승무원은 할론 소화기가 정해진 위치에 있는지, 실(seal)과 압력 게이지 상태가 정상인지 점검해야 한다.

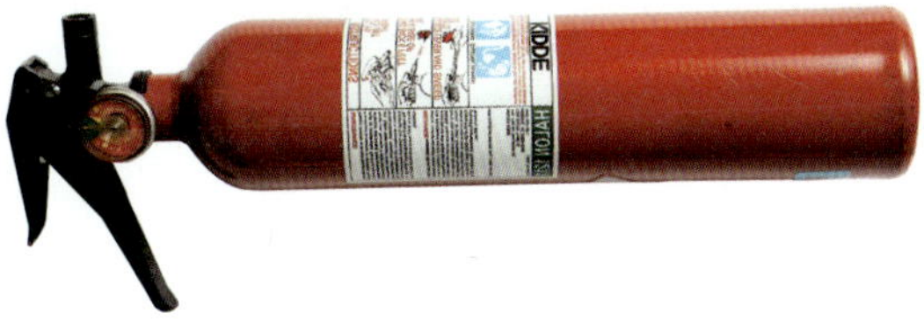

할론 소화기를 사용하는 방법은 다음과 같다.

실습영상

① 바람을 등지고 화재 발생 지점으로부터 2~3m 거리를 유지한다.
② 실(seal)을 뜯고 안전핀을 뽑는다.
③ 소화기를 수직으로 세우고 화재의 근원을 향한다.
④ 손잡이를 눌러 좌우로 빠르게 움직이면서 분사한다.

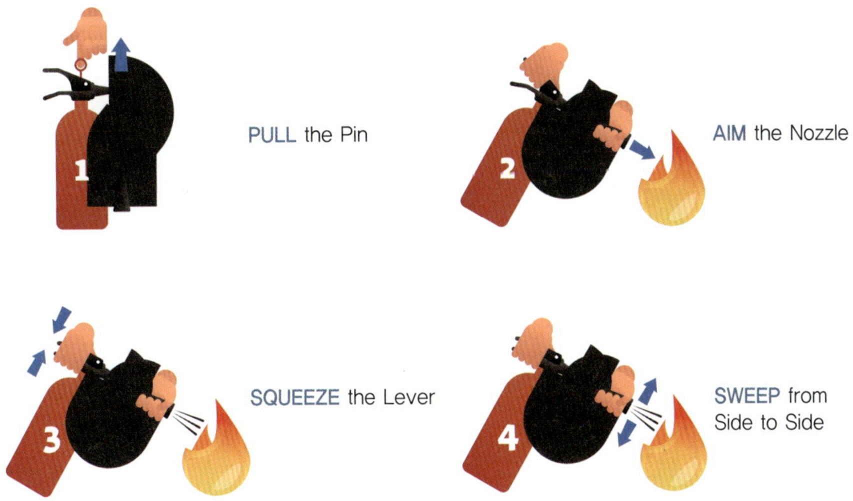

(2) H_2O 소화기

H_2O 소화기는 물을 이용하여 화재를 진압하는 장비로, 약 40초간 사용할 수 있다. 유류, 전기류 화재의 경우 불길 확산, 감전에 따른 쇼크나 사망의 위험이 있으므로 보통 화재(종이, 목재, 섬유 등)에만 사용해야 한다. H_2O 소화기 내부의 소화액은 부동액 성분이 첨가되어 있어 마시면 안 된다. 객실승무원은 H_2O 소화기가 정해진 위치에 있는지, 실(seal) 상태가 정상인지 점검해야 한다.

실습영상

H_2O 소화기를 사용하는 방법은 다음과 같다.

① 소화기를 꺼내어 화재의 근원을 향한다.

② 손잡이를 시계 방향으로 완전히 돌리면 손잡이 내에 있는 CO_2 카트리지에 구멍이 뚫리면서 '쉭~' 하는 소리가 난다.

③ 화재의 근원을 향해 레버를 누른다.

항공 지식

왜 기내에는 다양한 종류의 소화기를 탑재할까?

기내에서 화재가 발생하는 원인은 다양하며, 공간이 비좁기 때문에 화재를 재빨리 진압하지 않으면 크게 확산되기 쉽다. 화재는 항공안전에 지대한 영향을 미치므로 신속히 진압할 수 있도록 기내에 다양한 종류의 소화기가 탑재된다. 소화기 1개당 사용 가능 시간이 10~40초 정도이며, 화재의 원인과 규모에 따라 적절한 소화기를 사용하여 화재를 진압한다.

(3) PBE

PBE(protective breathing equipment)는 기내에서 화재를 진압하는 객실승무원의 안면을 보호하고 호흡하게 해주는 장비로, 제작사에 따라 Puritan PBE, Scott PBE, Essex PBE 등이 있다. 연기와 유독성 가스가 발생할 때 PBE를 착용하면 호흡을 원활하게 하고 시야를 확보할 수 있으며, PBE를 착용한 상태에서 일반적인 대화도 가능하다. 사용 가능 시간은 약 15분이며, PBE를 사용하는 도중 온도가 상승하면 즉시 벗어야 한다. 이때 PBE 내부에 산소가 남아 있는 경우에 대비하여 화기를 멀리한 상태에서 벗어야 한다. PBE의 종류에 따라 점검 요령이 조금씩 다르지만, 기본적으로 객실승무원은 PBE가 정해진 위치에 있는지, ID 태그를 통해

참고영상

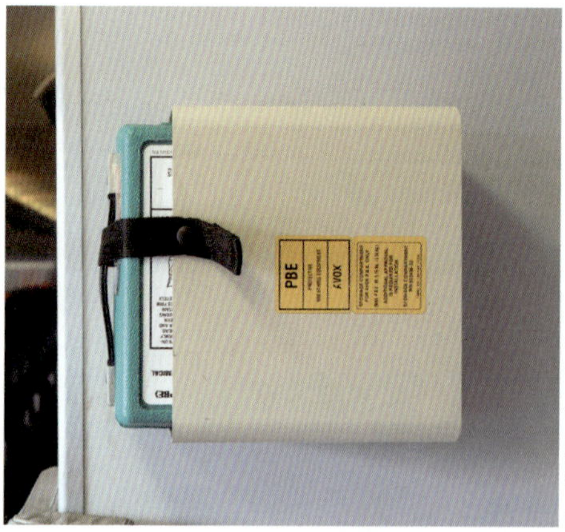

Scott PBE(개봉 전)

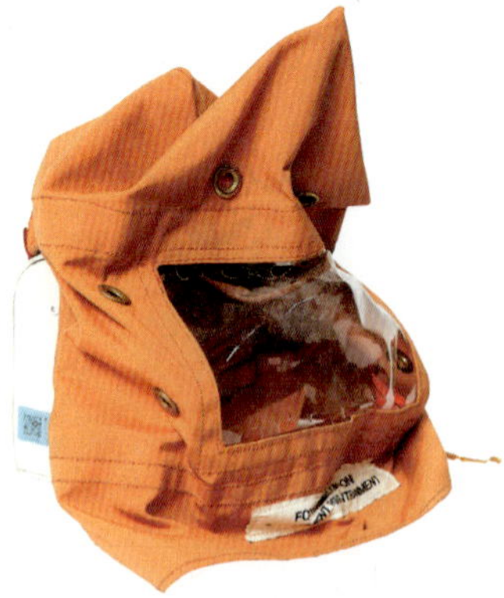

Scott PBE(개봉 후)

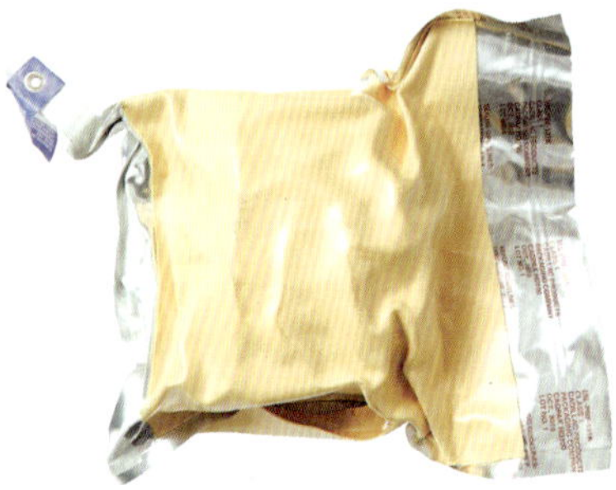

Puritan PBE(개봉 전)

Puritan PBE(개봉 후)

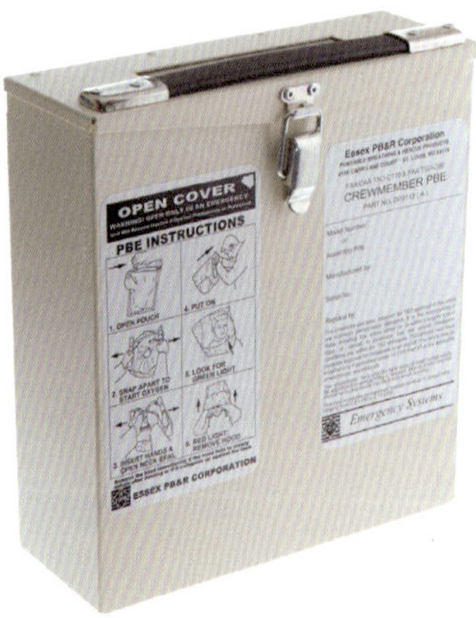

Essex PBE(개봉 전)

Essex PBE(개봉 후)

진공 상태를 점검해야 한다. 만약 진공 상태가 아니라면 PBE 내부의 실리콘 neck seal이 경화되어 사용할 수 없다.

Puritan PBE를 사용하는 방법은 다음과 같다.

① 진공 포장을 뜯어 PBE를 꺼내고 후드를 흔들어 펼친다.
② 양손을 neck seal opening 안쪽으로 넣고 바이저를 아래쪽으로, 컨테이너를 위쪽으로 하여 착용한다.
③ nasal mask cone을 코와 입에 밀착시킨다.
④ 양쪽 스트랩을 앞으로 당겨 산소가 발생되게 한다.
⑤ neck seal과 목 사이에 머리카락이나 옷이 끼지 않도록 주의하며, protective neck shield를 끌어내려 목과 어깨를 덮는다.

(4) 스모크 디텍터(외장형)

스모크 디텍터는 기내 화장실에서 발생하는 연기를 감지하여 경보음을 발신함으로써 화재를 알려주는 장치이다. 화장실, 승무원 휴게실, 화물칸 등에 설치되어 있으며, 기종에 따라 형태가 다르지만 기능은 유사하다. 객실승무원은 스모크 디텍터의 위치

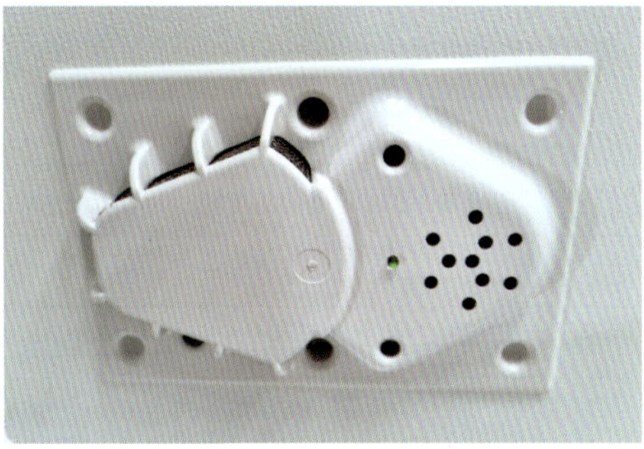

화장실의 스모크 디텍터

항공 지식

기내에서 흡연하다 적발되면 어떤 처벌을 받을까?

항공보안법에 따르면 기내 화장실에서의 흡연은 '기내 불법 방해행위'로 분류되며, 기내에서 흡연하다 적발되면 1,000만 원 이하(운항 중) 또는 500만 원 이하(계류 중)의 벌금이 부과된다. 기내에서의 흡연은 화재의 원인이 되므로 절대 해서는 안 되지만, 전체 기내 불법 방해행위의 약 83%를 차지할 만큼 빈번하다. 대부분이 화장실에서 발생하므로 화장실에는 의무적으로 스모크 디텍터가 설치되어 있다.

를 확인하고 이물질이 없는지 점검해야 한다.

(5) containment bag

containment bag은 기내에서 발생하는 리튬 이온 배터리 화재 진압 후 추가 사고 및 2차 폭발 등을 방지하기 위한 장비이다. 리튬 이온 배터리 화재는 그 특성상 재발화할 가능성이 있으므로 화재를 진압한 후 열을 식히는 등 과열 방지 조치를 해야 한다. 이때 리튬 이온 배터리를 containment bag에 보관하는데, 만약 containment bag이 없다면 리튬 이온 배터리의 열이 충분히 식도록 물에 담그거나, 전도되지 않는 별도의 공간에 보관한다. 객실승무원은 containment bag의 위치를 확인해야 한다.

containment bag을 사용하는 방법은 다음과 같다.

① containment bag 내부에 물을 충분히 붓는다.
② 리튬 이온 배터리를 containment bag 안에 보관한다.

3) 응급 처치 장비

(1) EMK

EMK(emergency medical kit)는 응급 환자가 발생했을 때 의료진이 전문적인 치료를 할 수 있는 의약품 및 의료 기구로, 기내에 반드시 탑재하도록 항공안전법 시행규칙에 명시되어 있다. 전문 의약품의 경우 의사의 처방이 반드시 필요하나,

만약 기내에 의사가 없거나 의사가 아닌 의료인(한의사, 치과의사, 간호사, 조산사 등)이 전문 의약품을 사용하고자 할 때는 지상에 있는 의사의 처방을 받는다. 대한항공의 경우 EMCS(emergency medical call system)가 구축되어 있어 상시 도움을 받을 수 있다. 객실승무원은 EMK가 정해진 위치에 있는지, 실(seal) 상태가 정상인지 점검해야 한다.

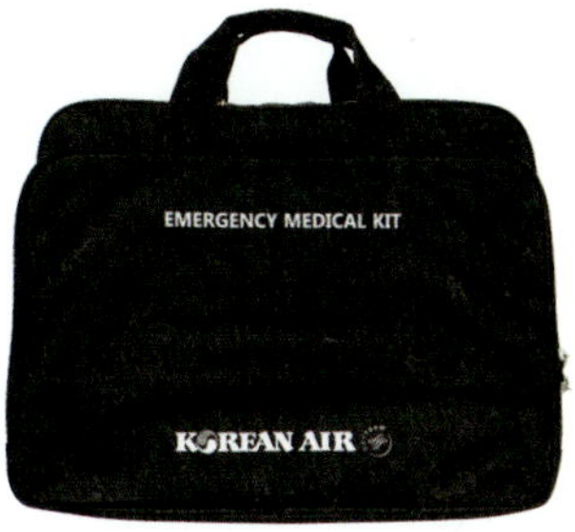

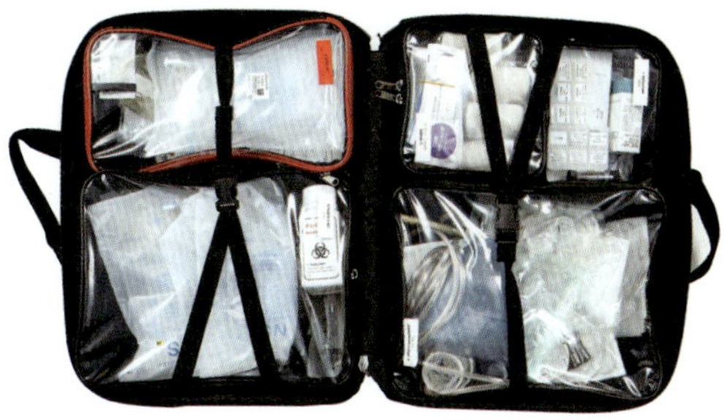

(2) FAK

FAK(first aid kit)는 비행 중 승객의 사고나 질병을 응급 처치할 수 있는 구급 의료용품으로, 의사의 처방 없이도 사용 가능하다. 기내에 반드시 FAK를 탑재하도록 항공안전법 시행규칙에 명시되어 있으며, 좌석 50석당 1개씩 탑재된다. 객실승무원은 FAK가 정해진 위치에 있는지, 실(seal) 상태가 정상인지 점검해야 한다.

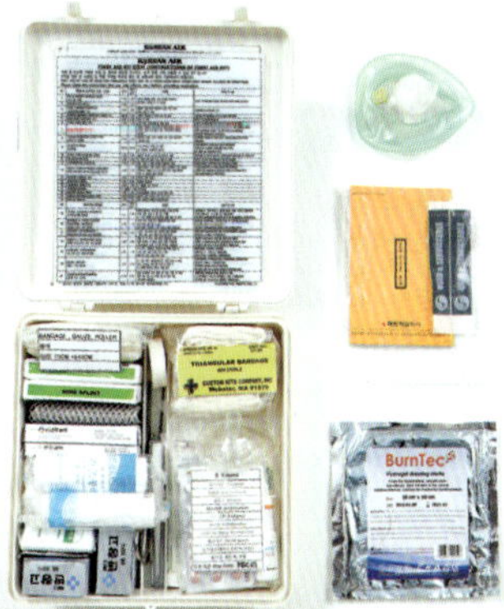

(3) POB

POB(portable oxygen bottle)는 산소가 부족한 환자에게 산소를 제공하기 위한 산소통이다. 객실승무원은 POB가 정해진 위치에 있는지, 마스크와 POB 아웃렛의 연결 상태가 정상인지, 압력 게이지가 1600 PSI 이상인지 점검해야 한다.

POB를 사용하는 방법은 다음과 같다.

① 산소마스크가 POB 아웃렛에 제대로 연결되어 있는지 확인한다.
② 산소 밸브를 열고 산소마스크에 산소가 주입되는지 확인한다.
③ 산소마스크를 환자의 코와 입에 대고 밴드로 고정한다.
④ 산소의 흐름을 확인하면서 제공한다.

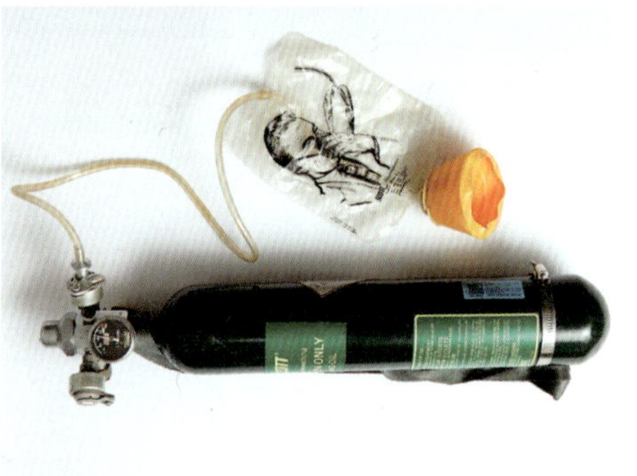

(4) 자동 제세동기

자동 제세동기(automated external defibrillator, AED)는 호흡과 맥박이 없는 환자의 가슴에 전기 패드를 부착하고 전기 충격을 가하여 심장의 기능이 회복되도록 도와주는 의료 기구이다. 객실승무원은 자동 제세동기가 정해진 위치에 있는지, 배터리가 충분한지 점검해야 한다.

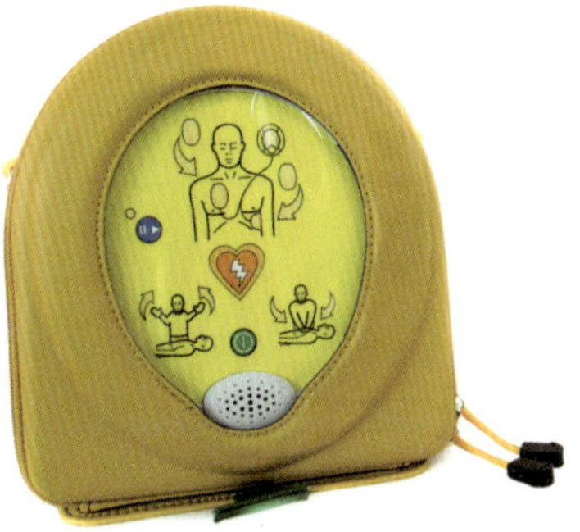

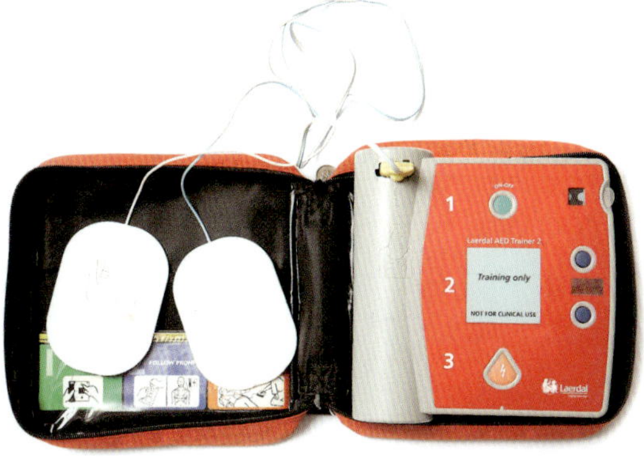

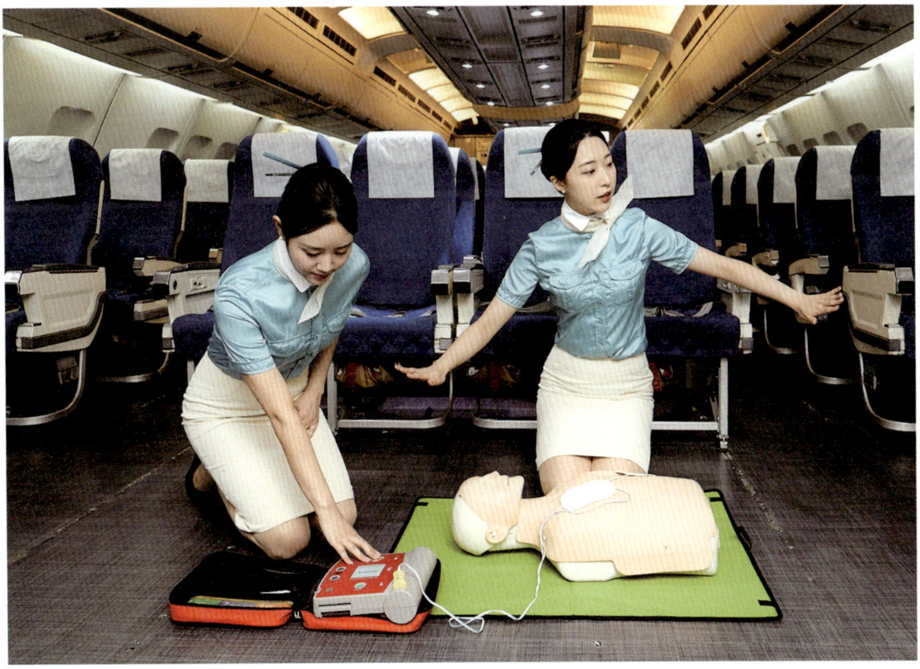

4) 비상 장비 관련 실습

<table>
<tr><th colspan="6">안전 업무 체크리스트</th></tr>
<tr><td>실습일</td><td colspan="2">년 월 일</td><td>실습 과목명</td><td colspan="2"></td></tr>
<tr><td>학번</td><td></td><td>이름</td><td></td><td>평가자</td><td></td></tr>
<tr><td>실습 주제</td><td colspan="5">비상 장비 점검 및 사용</td></tr>
<tr><td>실습 목표</td><td colspan="5">• 비상 장비 점검 요령, 사용법, 주의 사항을 설명할 수 있다.
• 비상 장비를 사용할 수 있다.</td></tr>
<tr><td colspan="4">실습 내용</td><td>Pass</td><td>Fail</td></tr>
<tr><td colspan="2" rowspan="9">비상 장비 점검 요령, 사용법, 주의 사항을 설명하고 사용할 수 있는가?</td><td colspan="2">손전등</td><td></td><td></td></tr>
<tr><td colspan="2">ELT</td><td></td><td></td></tr>
<tr><td colspan="2">확성기</td><td></td><td></td></tr>
<tr><td colspan="2">구명조끼</td><td></td><td></td></tr>
<tr><td colspan="2">할론 소화기</td><td></td><td></td></tr>
<tr><td colspan="2">H_2O 소화기</td><td></td><td></td></tr>
<tr><td colspan="2">PBE</td><td></td><td></td></tr>
<tr><td colspan="2">POB</td><td></td><td></td></tr>
<tr><td colspan="2">자동 제세동기</td><td></td><td></td></tr>
<tr><td colspan="6">비상 장비 점검 및 사용을 실습한 후 자신의 생각을 정리해봅시다.</td></tr>
</table>

정리해보기

기내에서 화재가 발생했을 때 사용할 수 있는 장비의 종류와 주의 사항을 정리하시오.

03 보안 장비

1) 테이저건

테이저건(taser gun)은 전기 충격으로 중추신경계를 일시적으로 교란시켜 상대를 무력화하는 비치사성 무기로, 목표물을 향해 전극 바늘을 발사하여 전류를 흘려보내도록 설계되었다. 기내에서 난동을 부리는 승객이 증가함에 따라 일부 항공사는 객실승무원과 항공기내보안요원이 테이저건을 사용하여 효과적·적극적으로 대응하도록 허용하고 있다. 테이저건의 특징은 다음과 같다.

- 약 5만 볼트의 고압 전류가 약 5초간 흐른다.
- 테이저건의 카트리지에는 2개의 탐침이 들어 있다.
- 카트리지가 일회용이므로 발사할 때마다 교체해야 한다.
- 2개의 탐침이 모두 신체에 꽂혀야 전류가 흐른다.
- 전극이 본체와 유선으로 연결되어 있어 5초를 다 채우기 전에 안전장치를 내려 전류를 차단할 수 있다. 그리고 발사 후 다시 방아쇠를 당겨 전류를 흘려보낼 수 있다.
- 스턴건 형태로 사용할 수 있다.

경찰도 사용하는 테이저건은 비교적 안전한 제압 장비이지만, 테이저건을 맞고 사망하거나 테이저건을 맞고 쓰러지면서 2차 사고가 발생할 수도 있다. 따라서 객실승무원은 테이저건을 적절히 사용할 수 있도록 특성을 파악하고, 다음 주의 사항을 잘 익혀야 한다.

- 객실승무원은 초기 훈련과 보수 훈련(매년 1회)을 받아야 한다.
- 테이저건 훈련을 받은 객실승무원과 항공기내보안요원이 테이저건을 사용해야 한다.
- 14세 미만자, 노약자, 임신부 등에게는 테이저건을 사용하면 안 된다.
- 테이저건을 사용하기 전에 기장에게 보고해야 한다.
- 카트리지 발사 거리가 약 2~3m이므로 적정 거리를 유지해야 한다.
- 탐침이 안면에 꽂히면 실명 등의 위험이 있으므로 가급적 상대의 등 쪽에서 발사한다.
- 테이저건을 사용하기 전에 반드시 상대에게 행위를 멈추도록 경고하고 주위

Scott Heppell-PA Images/Getty Images

Getty Images/Handout/Getty Images News

사람들에게 주의를 준 후 발사한다.

• 복잡한 기내 환경에서는 스턴건으로 사용할 수도 있다.

테이저건 사고 사례

2010년 5월 30일, 술에 취하여 흉기로 자해를 하려던 남성이 경찰이 쏜 테이저건에 맞고 쓰러지면서 자신이 들고 있던 흉기에 찔려 숨졌다. 그리고 2013년 4월 24일에는 경찰이 만취 상태로 싸움을 하던 여성을 제압하는 과정에서 잘못 발사된 테이저건이 여성의 얼굴에 맞아 실명되었다. 테이저건을 맞고 사망한 사례도 있다. 2022년 1월 28일, 경찰이 지명 수배자를 연행하려던 중 지명 수배자가 저항하면서 난동을 부리자 테이저건을 사용하여 제압했는데, 테이저건을 맞고 의식을 잃어 며칠 뒤 사망했다.

2) 포박 장비

(1) 올가미형 케이블

기내에서 난동을 부리는 사람을 신속하게 포박하기 위한 장비이다. 재사용이 가능한 케이블 형태이며, 올가미형이라 쉽게 사용할 수 있고 열쇠로 해제한다. 객실승무원은 올가미형 케이블이 정해진 위치에 있는지 점검해야 한다.

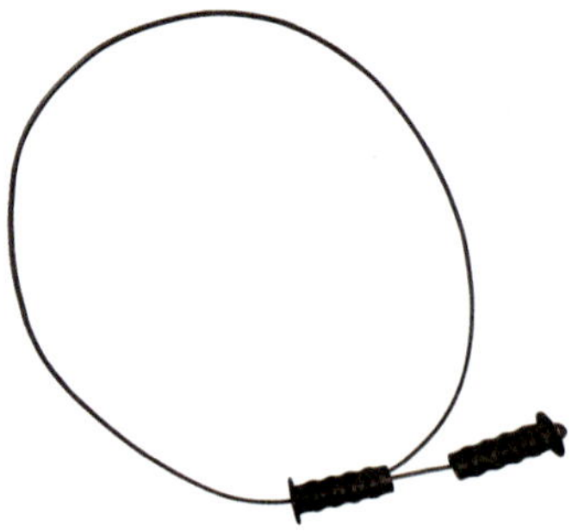

(2) 포승줄

기내에서 난동을 부리는 사람을 포박하는 데 사용하는 보안 장비이다. 주로 좌석과 사람을 함께 묶어 좌석에서 이동할 수 없게 한다.

실습영상

(3) 키핸즈컵스, 타이랩

키핸즈컵스(key hands cups)는 손과 발을 결박하는 플라스틱제 수갑으로, 사용이 용이하고 견고하다. 재사용이 가능하며 열쇠로 해제할 수 있다. 또한 타이랩(tie wrap)은 잘라낼 수 있는 플라스틱제 수갑으로, 많은 개수가 탑재된다. 객실승무원은 키핸즈컵스나 타이랩이 정해진 위치에 있는지, 수량과 상태에 문제가 없는지 점검해야 한다.

실습영상

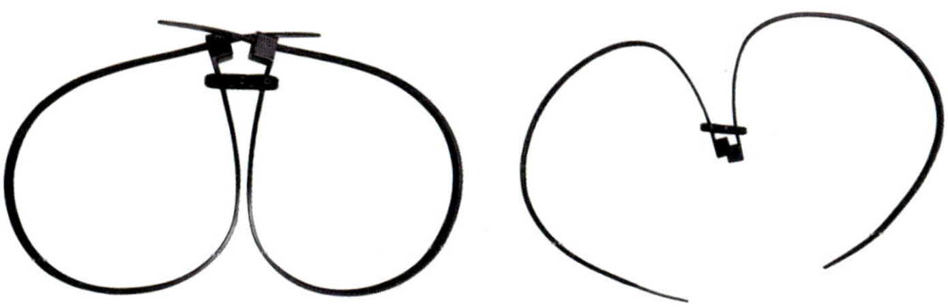

키핸즈컵스

타이랩

3) 방폭 매트, 방폭 재킷

방폭 매트와 방폭 재킷은 기내에서 폭발물이 발견되었을 때 사용하는 보안 장

비이다. 폭발물을 옮길 필요가 있다고 판단되면 기장의 지시에 따라 '폭발물 피해 최소 구역'으로 옮기는데, 이때 방폭 재킷을 착용한 객실승무원이 방폭 매트가 설치된 '폭발물 피해 최소 구역'으로 폭발물을 옮겨 피해를 최소화한다. '폭발물 피해 최소 구역'은 기내에서 폭발물이 폭발하는 경우 폭발의 강도를 약화하거나 폭발 방향이 전환되도록 지정된 곳으로, 피해가 가장 적은 구역인 우측 최후방 도어를 말한다. 객실승무원은 방폭 매트 또는 방폭 재킷이 정해진 위치에 있는지, 실(seal) 상태가 정상인지 점검해야 한다.

4) 비상벨

항공기 테러나 납치 등 비상사태가 발생했을 때 조종실에 연락을 취하는 벨로, 각 갤리와 승무원 좌석 주변에 장착되어 있다. 객실승무원은 비상벨의 위치를 확인해야 한다.

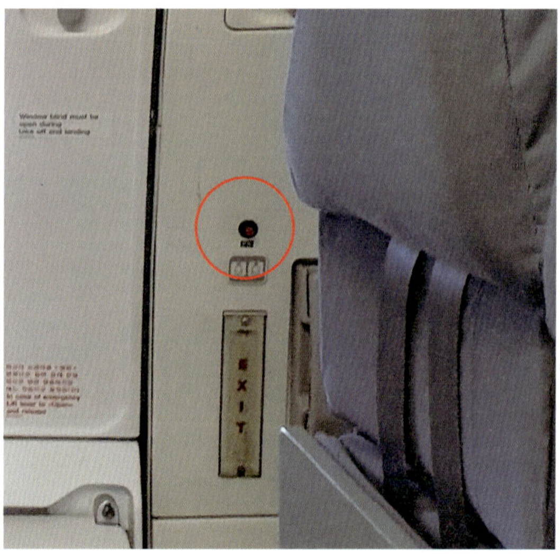

5) 보안 장비 관련 실습

<table>
<tr><td colspan="6" align="center">안전 업무 체크리스트</td></tr>
<tr><td>실습일</td><td colspan="2">년 월 일</td><td>실습 과목명</td><td colspan="2"></td></tr>
<tr><td>학번</td><td></td><td>이름</td><td></td><td>평가자</td><td></td></tr>
<tr><td>실습 주제</td><td colspan="5">보안 장비 점검 및 사용</td></tr>
<tr><td>실습 목표</td><td colspan="5">• 보안 장비 점검 요령, 사용법, 주의 사항을 설명할 수 있다.
• 보안 장비를 사용할 수 있다.</td></tr>
<tr><td colspan="4" align="center">실습 내용</td><td>Pass</td><td>Fail</td></tr>
<tr><td colspan="2" rowspan="4">보안 장비 점검 요령, 사용법, 주의 사항을 설명하고 사용할 수 있는가?</td><td colspan="2">테이저건</td><td></td><td></td></tr>
<tr><td colspan="2">포박 장비</td><td></td><td></td></tr>
<tr><td colspan="2">방폭매트, 방폭 재킷</td><td></td><td></td></tr>
<tr><td colspan="2">비상벨</td><td></td><td></td></tr>
<tr><td colspan="6">보안 장비 점검 및 사용을 실습한 후 자신의 생각을 정리해봅시다.</td></tr>
</table>

정리해보기

국내외에서 발생한 테이저건 관련 사고 사례를 조사한 후 기내에서 테이저건을 사용할 때의 문제점과 개선 방안을 정리하시오.

CHAPTER 7

객실 안전·보안 관련 주요 규정

MAJOR REGULATION ITEMS ON CABIN SAFETY & SECURITY

각국은 항공기의 안전한 운항을 위해 '국제민간항공협약'과 같은 국제 규범을 토대로 자국의 실정을 고려하여 법률, 규정, 정책, 규칙 등을 제정·공표한다. 우리나라에도 항공 안전 및 보안을 위한 항공안전법, 항공보안법과 시행령, 시행규칙이 있으며, 이에 따라 각 항공사는 관련 규정 및 절차를 마련하여 운영하고 있다.

규정 준수는 정부, 기업, 조직의 관련 법률, 규정, 정책, 규칙을 따르는 것을 의미하고, 이는 사회 질서를 유지하는 데 반드시 필요하다. 항공 안전 및 보안 규정 준수 역시 하늘에서의 안전을 확보하는 데 반드시 필요하다.

이 장에서는 비행 단계별로 적용되는 객실 관련 규정 및 절차와 객실승무원이 준수해야 할 사항을 자세히 알아본다. 이를 통해 객실 관련 규정 및 절차가 항공 안전 및 보안에 어떤 영향을 미치는지 그 중요성을 이해한다.

01 비행 단계

항공기가 출발지 공항에서 이륙하여 목적지 공항에 도착하기까지의 과정을 '비행 단계'라고 한다. 비행 단계는 크게 지상 이동(taxiing), 이륙(take-off), 상승(climb), 순항(cruise), 강하(descent), 착륙(landing), 지상 이동(taxiing)으로 구분된다.

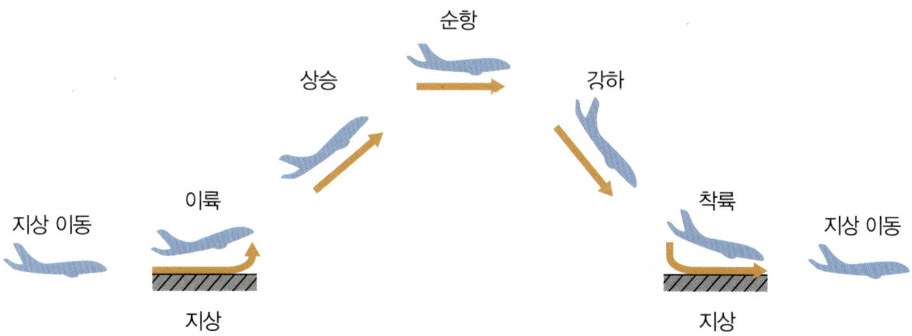

비행 단계

1) 지상 이동

항공기가 엔진을 가동하여 자력으로 활주로까지 이동하는 것을 말한다. 푸시백(push back) 이후 이륙을 위해 활주로로 이동하는 것을 택싱 아웃(taxiing out), 목적지 공항에 도착하여 승객 하기를 위해 공항 터미널로 이동하는 것을 택싱 인

Aerovista Luchtfotografie/Shutterstock.com

(taxiing in)이라고 한다.

공항 계류장(apron)과 유도로(taxiway), 활주로(runway)는 다양한 항공기와 조업 차량으로 혼잡하여 지상 이동 시 사고가 발생할 수 있으므로 운항승무원과 항공교통관제사의 원활한 소통 및 유기적인 업무 협조가 이루어져야 한다. 지상 이동 시 객실승무원은 안전 활동을 제외하고는 승무원 좌석에 착석하여 좌석벨트와 숄더하니스를 착용해야 한다.

- **유도로**: 항공기가 지상에서 공항의 각 지점을 이동할 수 있도록 설정된 이동로이다.
- **활주로**: 항공기의 이륙과 착륙을 위해 설정된 구역이다.
- **계류장**: 승객 탑승·하기, 화물 적재·적하, 급유, 주기, 제빙·방빙 또는 정비 등을 위해 항공기가 이용할 수 있도록 설정된 구역이다.

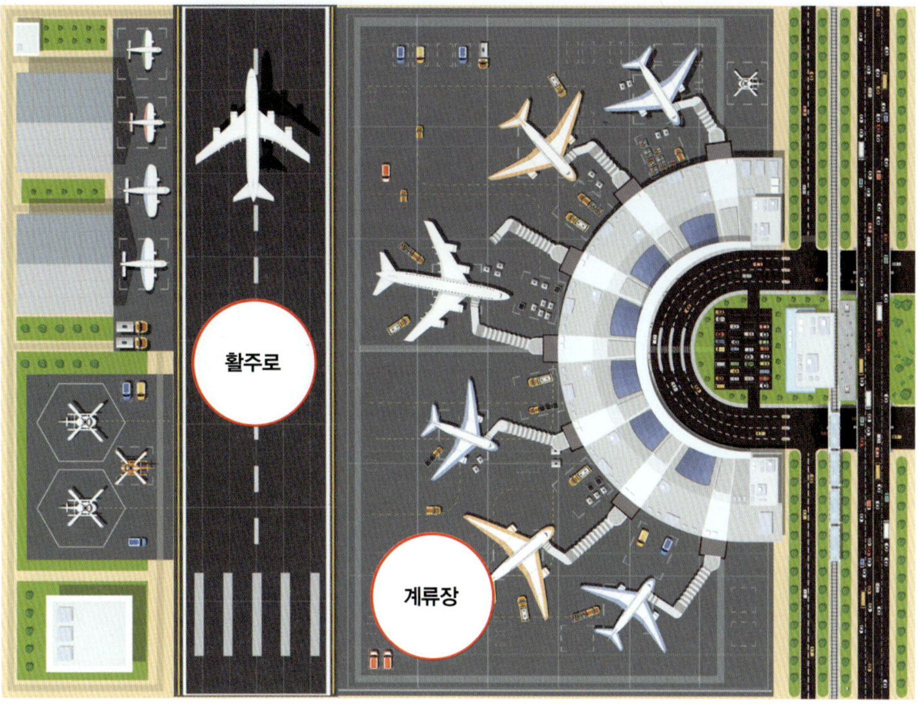

항공사고 사례

참고영상

1977년 3월 27일, 스페인의 테네리페노르테 국제공항 활주로에서 팬아메리칸항공 1736편과 KLM 4805편이 충돌했다. 이는 항공 역사상 초유의 사고로, KLM의 탑승객 248명이 모두 사망하고 팬아메리칸항공의 탑승객 396명 중 335명이 사망했다. 당시 근처 공항이 일시적으로 폐쇄되는 바람에 많은 항공기가 테네리페노르테 국제공항으로 몰려 상당히 혼잡한 데다 짙은 안개까지 낀 상황이었다. 이륙 허가를 기다리던 4805편이 유도로에서 이동 중이던 1736편을 확인하지 못했고 관제사와의 소통도 원활하지 못한 상태에서 이륙을 시도하다 두 항공기가 충돌했다. 운항승무원과 관제사의 소통 미흡이 사고의 원인으로 지목되어 '승무원 자원 관리(crew resource management, CRM)'의 중요성이 대두되었다.

최근 인천 국제공항에서도 두 항공기가 충돌하는 사고가 있었으나 다행히 인명 피해는 없었다. 2022년 12월 19일, 인천 국제공항 계류장에서 라오항공 여객기와 에어프레미아 여객기가 충돌했다. 토잉카로 견인받던 에어프레미아 여객기가 이륙 전 대기 중이던 라오항공 여객기의 꼬리날개를 접촉하여 꼬리날개가 파손되었다.

참고로 승무원 자원 관리(CRM)는 승무원을 주체로 안전하고 효율적인 항공기 운항을 위해 항공기 운항과 관련된 하드웨어·소프트웨어, 운항 관련 인적 자원과 환경 등 이용 가능한 모든 자원을 효과적으로 활용하는 것을 말한다. 항공사고의 70~80%는 인적 요인이 그 원인이며, 꾸준한 훈련과 CRM을 통해 항공사고를 효과적으로 예방할 수 있다.

2) 이륙

항공기가 추력을 넣고 활주로를 달려 양력을 받아 지면에서 뜬 뒤 랜딩기어와 플랩을 접을 때까지의 단계를 말한다. 운항승무원은 관제사로부터 이륙 허가를 받고 객실사무장에게 객실 준비 완료를 보고받은 후 항공기를 이륙시키며, 안전한 이륙을 위해서는 활주로의 상태, 항공기의 무게, 기상 조건 등을 모두 고려해야 한다. 항공기가 지상에서 이동할 때부터 고도 1만 ft를 통과하는 시점까지를 '비행 중요 단계(critical phases of flight)'라고 하며, 이때에는 'sterile cockpit' 규정이 적용된다. 만약 이륙 단계에서 이륙을 중단하게 되면 운항승무원은 객실승무원에게 이를 알리고, 객실승무원은 운항승무원의 지시에 따라 상황에 맞는 업무 절차를 수행해야 한다.

Duc Huy Nguyen/Shutterstock.com

3) 상승

이륙한 항공기가 랜딩기어와 플랩을 접은 후부터 순항 고도에 도달할 때까지의 과정을 말한다.

4) 순항

항공기가 일정 순항 고도에 도달하여 정해진 경로로 비행하는 상태를 말한다. 일반적으로 순항 고도는 기종에 따라, 또한 국내선인지, 국제선인지 등에 따라 다르다. 순항 중 객실에서는 다양한 서비스가 이루어지며, 승객이 이동할 수도 있다. 운항승무원은 난기류 등에 의해 기체가 요동칠 것으로 예상되면 기내 방송을 통해 좌석에 착석하여 좌석벨트를 착용하도록 지시한다.

5) 강하

항공기가 순항 고도에서 공항에 접근하기 위해 고도를 낮추는 단계를 말한다. 운항승무원은 안전한 착륙을 위해 목적지 공항의 기상 상태와 비행 절차를 검토한 후 강하를 시작한다. 강하하기 시작하는 시점을 TOD(top of descent)라고 하며, 이는 착륙을 위해 플랩을 내리기 전까지의 단계를 말한다. 항공기 강하를 시작하기 전에 운항승무원은 객실승무원에게 착륙 준비를 요청한다.

6) 착륙

항공기가 착륙하기 위해 플랩과 랜딩기어를 내린 후 활주로에 접지하는 단계를 말한다. 착륙에 가장 큰 영향을 미치는 요인은 항공기의 무게, 기상(바람의 세기·방향, 시정, 기온 등), 활주로의 상태 등이다. 고도 1만 ft를 통과하는 시점부터 항공기가 지상에서 이동하여 완전히 멈추는 시점도 '비행 중요 단계'에 포함되어 'sterile cockpit' 규정이 적용된다. 이착륙 단계는 다양한 운항 관련 업무로 운항승무원이 가장 바쁜 시점이며, 통상적으로 이륙 약 3분과 착륙 약 8분은 사고 발생률이 가장 높다.

이륙과 마찬가지로 먼저 들어온 항공기가 먼저 착륙하지만 기체 이상, 환자 발생, 비상 착륙 등의 경우에는 우선순위가 주어진다. 만약 착륙하려는 공항이 혼잡하여 대기해야 할 때는 통상적으로 선회하면서 착륙 순서를 기다린다. 한편 항공기가 착륙하기 위해 활주로에 접근하다가 기상 악화, 착륙 조건 미충족 등의 사유로 착지 전 다시 상승하는 경우도 있는데, 이를 복행(go-around)이라고 한다.

항공사고 사례

1989년 7월 27일, 김포 국제공항에서 출발하여 리비아 트리폴리 국제공항에 도착할 예정이었던 대한항공 여객기가 착륙하기 위해 접근하던 중 지상 장애물과 충돌했다. 조종사가 악천후 속에서 무리하게 착륙을 시도한 것이 원인으로 밝혀졌다. 당시 활주로에는 짙은 안개가 끼어 시정 거리가 240m 정도였으며, 다른 항공기들은 모두 인근 공항으로 회항한 상태였다. 이 사고로 탑승객 200명 중 75명, 지상에 있던 4명 등 총 79명이 사망했다.

1991년 6월 13일, 제주발 대구행 대한항공 여객기가 랜딩기어를 내리지 않은 채 동체 착륙한 사고도 있다. 해당 기종은 엔진이 동체 후미에 달린 B727이라 엔진이 지상과 직접적으로 충돌하지 않았고, 기체 하부에 걸림돌이 없어 미끄러지듯 착륙했다. 당시 부기장의 실습 비행을 위해 기장과 부기장이 자리를 바꾼 상태였고, 서로 랜딩기어를 작동한 줄 알았다. 설상가상으로 관제탑에서 랜딩기어가 나오지 않았으니 복행하라고 지시하면서 편명을 잘못 불러 기장과 부기장은 자기들에게 말하는 줄 몰랐다고 한다. 해당 여객기에는 승객 119명, 승무원 7명이 타고 있었는데 다행히 경미한 부상자만 발생하고 모두 생존했다.

02 승객 탑승 전 안전·보안

1) 객실 브리핑

객실 브리핑을 통해 객실사무장은 객실승무원들의 비행 준비 상태를 확인한다. 또한 해당 기종의 특성, 안전·보안 관련 일상·비상 절차 등 노선의 전반적인 비행 정보를 공유하고 계획을 수립한다.

(1) 항공기 도해도 확인

해당 기종의 항공기 도해도를 통해 비상·보안 장비의 수량, 위치, 사용법 등을 확인한다.

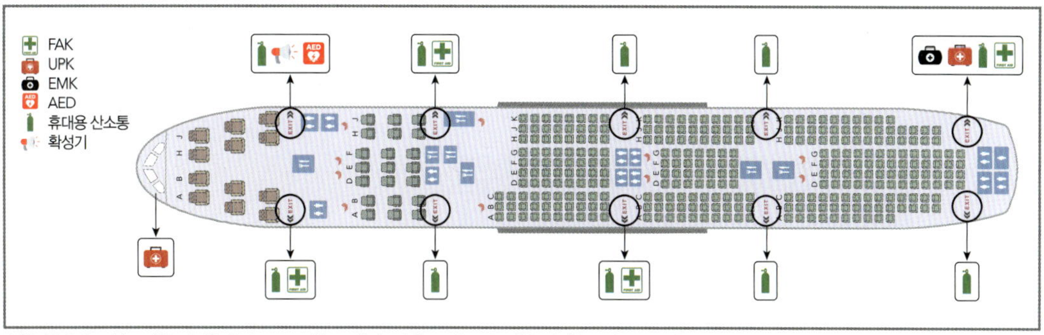

출처: Christian Horz/iStock/Getty Images Plus, Aleksei Gerasimenko/iStock/Getty Images Plus
Mohamed Rasik/iStock/Getty Images Plus, bubaone/DigitalVision Vectors/Getty Images
yukipon/iStock/Getty Images Plus, matsabe/iStock/Getty Images Plus

항공기 내 비상 장비 탑재 위치 예시

(2) 항공보안 등급

항공보안 등급은 국가가 정한 항공안전 우발 계획 및 항공보안 심각도에 따라 총 5개 등급으로 나누어 항공사에 제시하는 기준이다. 국제 항공보안 정세에 따라 항공보안 등급을 조정하며, 국제회의와 같은 중요한 행사가 있을 때는 공항과 항공기의 경계 근무, 보안 검색을 강화한다.

국가 항공보안 등급

단계	설명
1단계 평시(Green)	불법행위 위협이 낮은 단계로, 도검류 등 기내 반입 금지 물품 검색, 항공기 비인가자 접근, 출입 통제 등 기본적인 항공보안 업무를 수행한다.
2단계 관심(Blue)	테러 징후가 있으나 활동 수준이 낮고, 가까운 시일 내에 테러가 발생할 가능성이 낮은 상태로, 일반적으로 대부분의 공항에 적용되는 등급이다.
3단계 주의(Yellow)	테러 징후가 있고 테러로 발전할 수 있는 일정 수준의 경향이 나타나는 단계이다. 공항, 항공기 등에 대한 위협 정보가 있거나 국빈 방문과 같은 국가 행사가 있을 때 적용되는 등급이다.
4단계 경계(Orange)	테러 유사 활동이 매우 활발하고 테러 경향이 현저하여 테러 가능성이 높을 때 적용되는 등급이다.
5단계 심각(Red)	테러 유사 활동이 매우 활발하고 테러 경향이 현저하여 테러 가능성이 확실할 때 적용되는 등급이다.

각 항공사는 국가가 정한 항공보안 등급에 따라 항공사 보안 등급(alert level)을 정하여 객실승무원이 수행해야 할 임무를 제시한다.

국가 항공보안 등급과 항공사 보안 등급의 차이

<table>
<tr><th>국가 항공보안 등급</th><th>항공사 보안 등급</th></tr>
<tr><td>평시(Green)</td><td rowspan="3">Alert 3(주의: Yellow)</td></tr>
<tr><td>관심(Blue)</td></tr>
<tr><td>주의(Yellow)</td></tr>
<tr><td>경계(Orange)</td><td>Alert 2(경계: Orange)</td></tr>
<tr><td>심각(Red)</td><td>Alert 1(심각: Red)</td></tr>
</table>

단계별 표준 조치 사항 예시	
Alert 3(주의: Yellow)	
표준 조치 사항	• 항공보안 브리핑 실시(항공사 보안 등급 및 표준 조치 사항 확인) • 기내 탑재품 실(seal) 넘버 확인 • 승객 탑승 시 모든 탑승권 확인 • 비행 중 모든 보관 공간 확인(30분마다) • 비행 종료 후 잔류 승객 및 보안 점검
비상 연락망 구축	• 해외 체류 시 연락 수단(휴대폰 등) 소지 • 승무원 간 비상 연락망 공유
해외 체재 규정	• 육로로 3시간 이내 귀환 가능한 곳까지만 외출 • 현지 시간으로 23시 이전까지 호텔로 귀환 • 치안이 불안한 지역의 경우 단독 외출 자제

(3) 비상 긴급 신호

비행 전 단계에서 비상 상황이 발생하면 모든 운항승무원과 객실승무원이 다자 간 통화를 할 수 있도록 인터폰을 통해 발신하는 신호이다.

기종	비상 긴급 신호
A380	EMER 버튼 1조 이상
B747, B777, B787, A220	**
A330	CAPT+RESET+CAPT
B737	2, 2, 2

2) 합동 브리핑

객실 브리핑을 마친 후 객실승무원과 운항승무원은 합동 브리핑을 통해 다음 사항을 공유한다.

• 전반적인 비행 계획(항로, 고도, 유도로 이동 시간 등)
• 기상 및 난기류 정보

- 비상사태 발생 시 탈출 신호 및 절차, 기장 방송 등
- 조종실 출입 절차

3) 항공기 출입 통제

항공기는 철저한 보안이 유지되어야 하는 보안 구역이므로 출입이 제한된다. 보안 구역을 이동할 때는 항상 신분증과 ID 카드를 패용하고, 비인가자가 출입하지 않도록 유의해야 한다. 항공기에 출입할 수 있는 사람은 다음과 같다.

- 해당 비행편에서 근무하는 운항승무원과 객실승무원
- 편승하는 운항승무원과 객실승무원
- 유효한 신분증을 소지한 직원, 지상 조업사 등
- 해당 비행편의 탑승권을 소지한 승객
- 유효한 신분증 또는 항공 관계 기관 공무원증을 소지한 항공안전감독관, 항공보안감독관(항공기 출입 요구서 또는 cockpit auth가 있어야 함)

4) 비상·보안 장비 점검

실습영상

객실승무원은 비상·보안 장비 점검 요령에 따라 담당 구역에 탑재된 비상·보안 장비의 수량, 보관 위치, 이상 유무 등을 점검한다. 만약 비상·보안 장비의 이상을 발견하면 객실사무장에게 보고하여 정비사를 통해 교체시킨다.

5) 승객 탑승 전 보안 점검

승객이 탑승하기 전에 기내 보안 점검을 하는 것은 기내에 반입되면 안 되는 의심스러운 물품이 유입되는 것을 방지하기 위함이다. 지상 조업이 종료된 후 기내 보안 점검을 실시하여 승객 탑승 전에 완료해야 한다.

생각해보기 비행 전후 객실 보안 점검이 왜 중요한가?

(1) '항공기 보안 점검 체크리스트'를 통한 객실 보안 점검

실습영상

객실승무원은 배정된 담당 구역에서 객실사무장의 PA에 따라 '항공기 보안 점검 체크리스트'에 의거하여 기내 보안 점검을 실시한다. 승객 좌석, 통로, 승무원 좌석, 도어, 승무원 휴게실, 화장실, 갤리 보관함 등을 체계적으로 점검하고, 이상이 발견되면 즉시 객실사무장에게 보고한다. 이상이 없으면 객실사무장은 기장에게 기내 보안 점검을 완료했음을 보고하고 점검 체크리스트를 운송 직원에게 전송한다. 이렇게 기내 보안 점검이 완료되어야만 승객이 탑승할 수 있다.

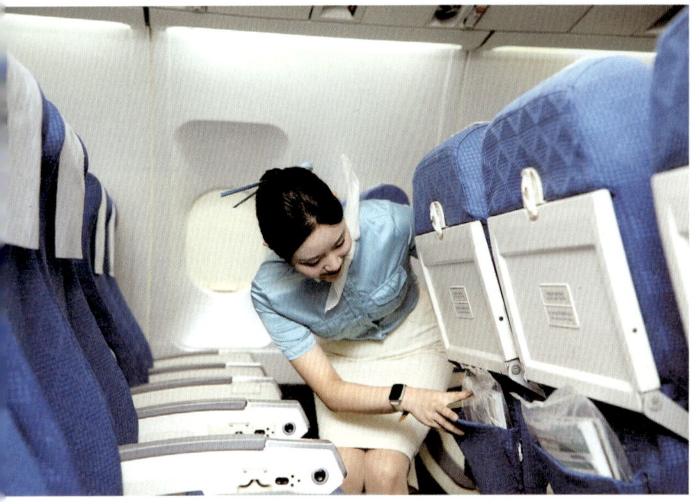

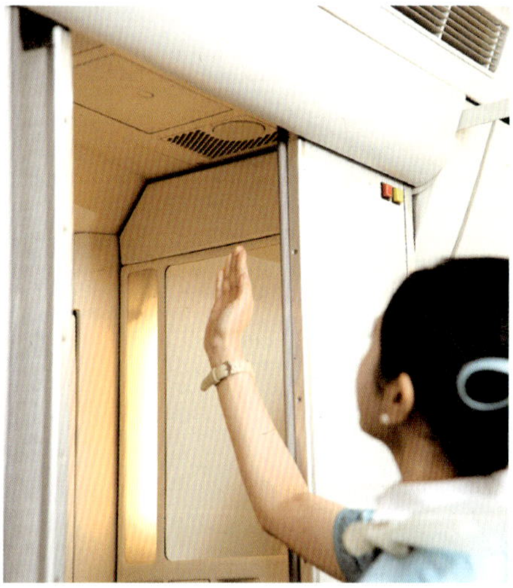

항공기 보안 점검 체크리스트

참고영상

구분		점검 내용	경계 수준	
			3, 2	1
객실	승객 좌석	좌석 상단		
		좌우 창측 벽면 구석진 곳		
		사이드월 스토위지 빈(B744 U/D)		
		좌석 포켓 내부		
		좌석 쿠션 하단, 구명조끼 보관 장소		
	통로	선반 내부		
		벌크헤드, 커튼 주위 구석진 곳		
		객실 바닥 부분		
	승무원 좌석	승무원 좌석, 구명조끼 보관 장소		
		비상 장비 보관 장소		
	도어	도어 주변 구석진 곳		
		코트룸 내부		
		잡지 진열대 내부		
	승무원 휴게실	승무원 휴게실(B744, B772, A332)		
	VCC	비디오 컨트롤 센터		
화장실	설비	화장실 문, 벽, 천장 주위		
		변기 주변 구석진 곳		
	보관함	휴지, 화장지 보관함		
		세면대 하단 공간		
		쓰레기통		
		거울 뒷면 컴파트먼트 내부(B772, B773)		
갤리	보관함	갤리 내 모든 보관 공간(오븐, 냉장고, 바 등)		
		천장, 벽, 바닥		
		쓰레기통, 타월 수거함		
		천장에 위치한 컴파트먼트		
		카트 리프트(엘리베이터) 내부(B744)		
	탑재 카트	카트 실링		

항공사고 사례

1987년 11월 29일, 이라크의 바그다드 국제공항에서 출발하여 김포 국제공항에 도착하려던 대한항공 여객기가 인도양 상공에서 실종되었다. 해당 여객기에는 승객 104명과 승무원 11명이 타고 있었다. 조사 결과 북한 공작원 2명이 폭파용 라디오와 액체 폭약이 든 쇼핑백을 기내 선반에 놓고 중간 경유지인 아부다비에서 내렸고, 아부다비를 떠난 여객기가 인도양 상공에서 폭파된 것으로 밝혀졌다. 이 사고는 서울 올림픽을 방해하기 위한 북한의 테러로 결론이 났으며, 이후 보안 검색의 중요성에 대한 인식이 강화되었다.

(2) 기내 탑재품 점검

기내에는 카트와 캐리온 박스에 담긴 기내식과 각종 서비스 물품이 탑재되는데, 이러한 카트와 캐리온 박스는 폭발물이나 위해 물품 등이 유입되지 않도록 실(seal)로 봉인된 상태이다. 객실승무원은 실 넘버와 파손 여부를 확인하고, 이상이 발견되면 즉시 객실사무장에게 보고하여 조업 담당자를 통해 재검수가 이루어지도록 해야 한다.

6) 항공기 급유

보통은 승객이 탑승하기 전에 항공기에 연료를 넣지만 운항 사정에 따라 승객이 탑승한 상태에서도 급유가 가능하다. 급유 시 기장은 객실승무원에게 이에 대한 정보를 공유하며, 화재 예방을 위해 금연 표시등을 켠다. 승객이 탑승한 상태에서 급유할 때는 좌석벨트 착용 표시등을 끔으로써 만약의 비상 탈출에 대비해야 한다. 급유 시에는 승객에게 기내 방송을 통해 알리고 반드시 비상 탈출로를 확보해야 하며, 승객은 신속히 탈출할 수 있도록 좌석벨트를 착용하지 않는다.

Mario Hagen/Shutterstock.com

03 승객 탑승 시 안전·보안

1) 탑승권 확인

보안 구역인 항공기는 무단 침입이나 운항을 방해하는 행위 등으로부터 보호되어야 하므로 승객이 탑승할 때 탑승권의 날짜와 편명을 확인하여 승객의 오탑승, 비인가자의 진입을 방지해야 한다. 만약 승객이 잘못 탑승하거나 비인가자가 기내에 들어오면 사안에 따라 별도의 보안 검색을 실시해야 한다. 이러한 경우는 항공보안법상 과태료 부과의 대상이 될 뿐만 아니라 운항 지연, 스케줄 변경, 승객의 불만 등을 초래한다.

실습영상

생각해보기 승객의 탑승권을 확인하는 것이 왜 중요한가?

승객의 탑승이 완료된 후 운송 직원에게 받은 승객 수와 객실승무원이 확인한 승객 수가 일치하면 기장에게 보고하고 도어를 닫는다. 만약 승객 수가 일치하지 않으면 재확인해야 하며, 탑승 인원이 정확해야만 출발할 수 있다.

모바일 탑승권

종이 탑승권

항공사건 사례

2020년 6월 23일, 한 중학생이 제주 국제공항에서 주운 지갑 속에 있던 신분증과 탑승권으로 국내선 출발 보안 검색대를 통과하여 김포행 여객기에 탑승했다. 그러나 이륙 전 객실승무원이 기내 점검을 하던 중 화장실에 숨어 있던 이 학생을 발견하여 하기시켰다.

2022년 10월 10일에는 전북 익산에 거주하는 초등학생이 실종되었다 제주에서 발견되었다. 이 초등학생은 중학생인 친언니의 신분증을 이용하여 7일에 광주 공항에서 제주행 여객기에 탑승했는데, 탑승 수속을 거쳐 기내에 탑승할 때까지 아무런 제재를 받지 않았다. 현행법에 따르면 만 13세 이하의 미성년자는 보호자 없이 혼자 항공기에 탑승할 수 없다.

2015년 4월 3일, 제주에서 김해로 가려던 승객이 김포행 여객기에 잘못 탑승하는 일이 벌어졌다. 이 승객은 좌석을 확인해달라는 다른 승객의 요구에 자신이 잘못 탑승한 사실을 알게 되었다. 오탑승한 승객은 하기하여 다음 비행편으로 갈아탔으나, 김포행 여객기는 보안 점검을 재실시함으로써 1시간가량 출발이 지연되었다.

2) 탑승 거절

항공보안법 제23조, 시행규칙 제13조에 따라 객실사무장은 항공안전 및 항공보안을 위해 다음과 같은 승객의 경우 기장에게 통보한다. 그리고 기장, 운송 직원, 객실사무장, 회사 관계자가 협의하여 해당 승객의 탑승을 결정한다.

- 승객의 안전 및 항공기의 보안에 필요한 정부 기관 및 회사의 조치를 거부하는 승객
- 관련 국가의 적용 법률, 규정 또는 명령의 준수를 위해 탑승 거절이 필요한 승객
- 항공기의 안전이나 운항을 저해하는 폭행, 협박, 위계 행위 또는 출입문·탈출구·기기 조작 등을 하는 승객
- 항공기의 안전이나 운항을 저해하는 행위를 금지하는 기장 등의 정당한 직무상 지시 또는 승무원의 통제를 따르지 않는 승객
- 만취된 것으로 보이거나 약물의 영향이 신체적으로 나타나는 승객
- 타인에게 불쾌감을 주는 기괴한 행동을 하거나 심한 악취를 풍기는 승객(단, 장애인은 제외)
- '병약 승객 항공운송 신청서'에 의거하여 비행이 가능하다고 판단되지 않거나 진단서 또는 의사 소견서를 가지고 있지 않은 중한 질병 상태의 승객(필요시 탑승 여부를 결정하기 위해 기장은 공항 주재 의사에게 해당 승객의 검진을 요청할 수 있음)
- 보안 검색 또는 신분 확인을 거부하는 승객
- 승객 또는 재물에 손상을 주는 행위와 관련된 승객
- 기타 탑승 거절 행위가 안전 운항에 필요하다고 판단되는 승객

항공사건 사례

2021년 7월 10일, 미국 텍사스에서 마이애미로 가는 아메리칸항공 여객기에서 한 여성이 노출이 심한 복장을 착용했다는 이유로 탑승을 거부당했다. 보디빌더인 이 여성은 가는 어깨끈이 달린 탱크톱에 짧은 반바지를 입고 있었는데, "의상이 다른 가족의 여행을 방해할 수도 있다"며 항공사 직원이 탑승을 거부했다고 폭로했다. 이에 대해 아메리칸항공은 "운송 약관에 명시되었듯이 기내에서 모든 승객은 적절하게 옷을 입어야 하며 불쾌감을 주는 복장은 허용되지 않는다"고 입장을 밝혔다.

3) 객실 내 반입 금지 물품

항공 안전 및 보안을 확보하기 위해 승객의 안전과 항공기 운항에 위해가 될 수 있는 물품이 기내에 반입되는 것을 제한한다. 항공보안법 제21조 및 관련 국토교통부 고시(항공기 내 반입 금지 위해 물품)에는 자세한 기준이 제시되어 있으며, 이를 근거로 각 항공사는 운송 제한 물품에 대한 정보를 홈페이지에 공시하고 있다. 운송 제한 물품은 항공기 반입 금지 물품(휴대 불가, 위탁 불가), 제한적으로 객실 내 반입 가능한 물품(제한적 휴대·위탁 가능), 위탁 수하물 제한 물품(휴대 가능, 위탁 불가) 등으로 구분된다.

생각해보기 왜 액체류, 젤류를 기내에 반입하지 못하게 하는가?

객실승무원은 승객이 탑승할 때 반입 금지 물품을 가지고 있지는 않은지 확인해야 한다. 반입 금지 물품을 발견했을 때는 즉시 제재하고 기장에게 보고하며, 운송 직원과 협조하여 별도의 조치를 취해야 한다.

(1) 객실 내 반입 금지 물품

- 총기류 및 구성 부품, 전자 충격기 및 퇴치 스프레이, 뾰족하거나 날카로운 물체, 공구류, 둔기, 스포츠 용품, 인화성 물질
- 기준을 초과하는 술, 음료수, 스킨, 로션, 샴푸, 고추장, 된장 등

(2) 액체류·젤류 기내 반입 제한

- 국제선에 탑승하는 승객을 대상으로 적용된다.
- 단위 용기 용량이 100mL를 초과하는(총 1L 이하) 액체류, 젤류는 기내에 반입할 수 없다.
- 유아식과 의약품(증빙 서류 필요)은 항공 여정에 필요한 용량에 한하여 기내에 반입할 수 있다.
- 면세용 액체류, 젤류는 STEB(security tamper evident bag)로 밀봉된 경우 기내에 반입할 수 있으며, 최종 목적지행 항공기에 탑승하기 전까지 미개봉 상태를 유지해야 한다.

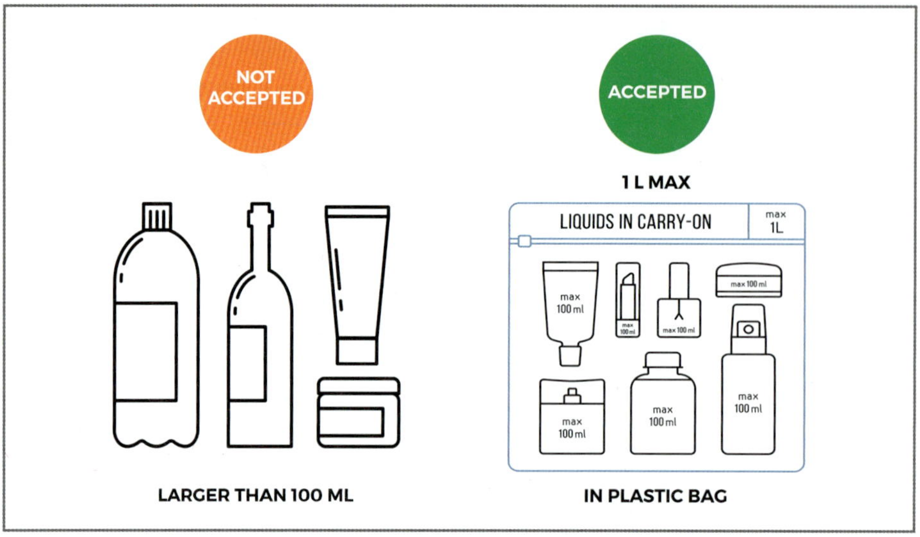

항공 지식

STEB란?

국제 표준 방식에 따라 만들어진 훼손 탐지 가능 봉투를 말한다. 항공기를 갈아타는 환승객은 국가별 액체류, 젤류 휴대 규정을 준수해야 하므로 면세품 구매 시 유의해야 한다. STEB를 허용하는 국가에 도착하여 항공기를 갈아타는 환승객은 액체류, 젤류 면세품을 영수증과 함께 STEB에 넣고 밀봉 처리해야 환승편에 반입할 수 있다.

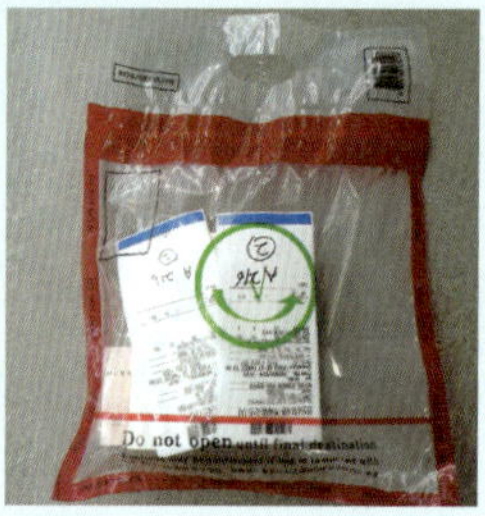

항공사건 사례

2006년에 영국에서 미국 또는 캐나다로 가는 여객기에 청량음료로 위장한 액체 폭발물을 실어 여객기를 폭파하려는 테러 음모 사건이 발생했다. 다행히 영국 보안 당국이 사전에 이를 적발하여 용의자들을 체포했으나, 이후 모든 공항에서 액체류, 젤류 휴대 수하물 제한 규정을 시행하게 되었다. 액체 폭발물은 제조, 운반, 은폐가 용이하기 때문에 보안 검색이 어려워 항공안전을 심각하게 위협하는 요인이다.

4) 휴대 수하물 보관 규정

안전 운항을 위해 기내 휴대 수하물은 규정에 따라 선반, 고정 장치가 설치된 좌석 하단, 문이 닫히는 코트룸 등 인가된 장소에 보관해야 한다. 휴대 수하물의 중량은 수하물 적재 위치에 부착된 최대 허용 중량을 초과하면 안 된다. 객실승무원은 항공기 지상 이동, 이착륙 시 또는 승객이 기내에 머무르는 동안 휴대 수하물 등이 비상 탈출로를 가로막지 않도록 주의해야 한다.

생각해보기 왜 기내 휴대 수하물을 인가된 장소에만 보관해야 하는가?

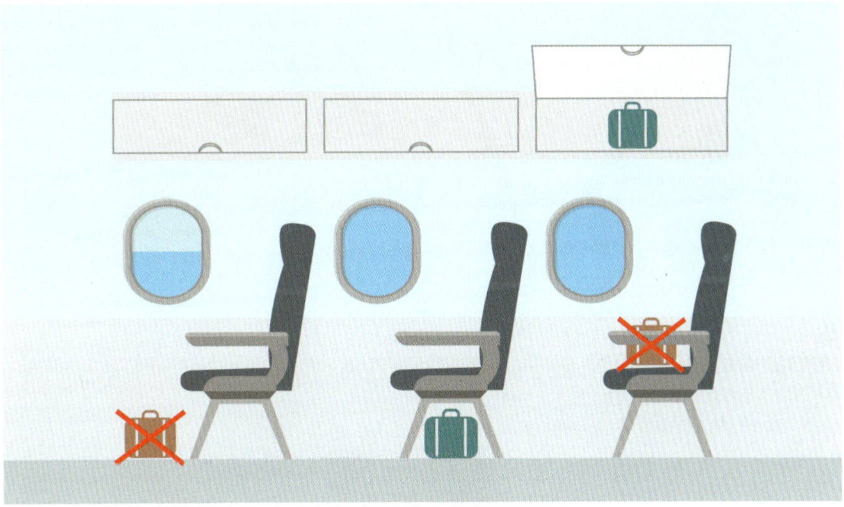

기내 수하물 보관법

선반에 짐을 보관할 때는 짐이 겹치지 않게 하고, 짐을 넣거나 꺼낼 때 다른 짐이 떨어지지 않도록 유의해야 한다. 인가되지 않은 장소에 짐을 두면 난기류나 비상 상황 시 인명 피해가 발생할 수 있으며, 비상 탈출 시에는 짐에 걸려 넘어지는 등 안전에 큰 영향을 미친다. 또한 인가된 보관 장소라도 안전 중량이 정해져 있으며, 이를 준수하지 않으면 2차 피해가 발생할 수 있다.

코트룸

- 목발, 지팡이, 긴 우산, 등산용 스틱 등 길고 끝이 뾰족한 물건은 좌석과 벽면 사이, 연결된 좌석열 하단(비상구열 제외), 코트룸에 보관한다.
- 유모차는 선반, 중·대형기의 경우 가운데 좌석열의 하단에 보관한다.
- 노트북과 리튬 이온 배터리는 좌석 앞주머니, 가시권 내 장소에 보관한다.

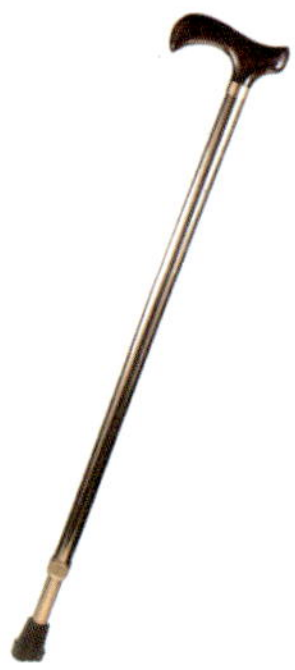

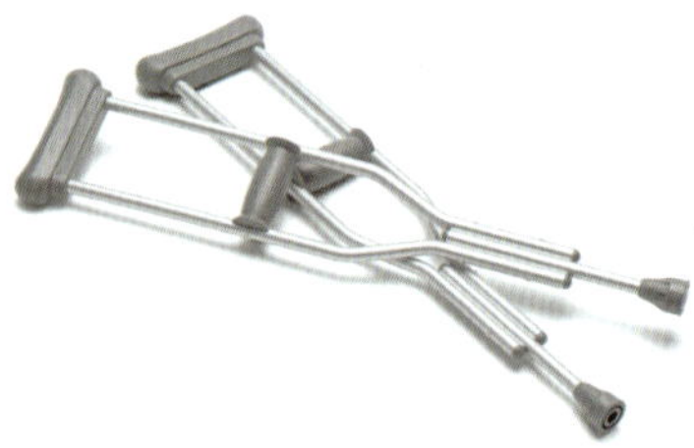

- '기내 사용 가능 안전 인증 라벨'이 부착된 유·소아 안전 의자는 비상사태 시 승객의 탈출에 방해가 되지 않으면 장착이 가능하다. 아이의 몸무게가 안전 의자의 허용 중량을 초과하면 안 되고, 좌석벨트로 안전 의자를 승객 좌석에 단단히 고정해야 한다. 유·소아 안전 의자는 창측 좌석

(비상구열 및 비상구열 앞·뒷열 제외), 연결된 좌석열의 중앙 좌석에 장착할 수 있다.

5) 탑승 후 하기 승객

테러 단체는 항공기를 대상으로 테러를 자행하기 위해 신분을 위장하여 탑승하고, 보안 검색을 피하여 폭발물을 기내에 반입하기도 한다. 이에 관계 기관, 항공사, 공항의 보안 검색 요원은 첨단 장비를 갖추고 검색 활동을 강화하여 항공보안에 만전을 기하고 있다. 따라서 항공기에 탑승했다가 자발적으로 하기하려는 승객의 경우 단순한 변심 또는 개인 사정으로 여기면 안 되고 항공보안상의 문제로 보고 처리해야 한다.

생각해보기 항공기 탑승 후 자발적 하기 승객에 대한 보안 검색이 왜 중요한가?

(1) 자발적 하기 승객

자발적 하기는 승객이 항공기에 탑승한 후 건강 악화, 가족의 변고, 공황장애, 폐소공포증 등의 사유로 승객 스스로 하기하겠다고 요청하는 것을 말하며, 보통은 탑승 직후나 항공기가 지상에서 이동하는 도중에 발생한다. 자발적 하기를 요청하는 승객이 있으면 항공보안을 위해 보안 점검 절차를 수행해야 한다.

먼저 자발적 하기 승객에게 다음과 같은 안내문을 고지한다.

자발적 하기 시 관련 절차 안내

귀하는 항공기 탑승 후 자발적 의사로 하기할 경우 아래와 같은 절차를 따라야 함을 안내드립니다.
귀하는 항공보안법 시행규칙 제3조의 5 및 국가 항공보안 계획 7.6.12호에 따라 다른 승객의 안전 및 승객의 하기 사유 확인을 위하여 보안 관계 기관이 실시하는 조사를 받으셔야 합니다(평균 30분 내외 소요). 귀하의 하기에 따라 기내 재검색, 승객 전원 하기 등이 실시될 수 있으며, 이로 인해 해당 항공기의 출발 시간이 지연됩니다(평균 60분 지연). 또한 하기 시 재탑승이 불가능할 수 있습니다.

그리고 공항 상황실에 자발적 하기 승객이 발생했음을 통보하고, 보안협의회의 검토를 거쳐 보안 조치 결과를 확인한 뒤 항공기 운항을 재개한다. 자발적 하기 승객이 항공기에서 내리고 나면 다음과 같이 기내 보안 점검을 실시한다.

- **모든 승객이 하기해야 하는 경우**: 모든 승객은 자신의 휴대 수하물을 가지고 하기하며, 객실승무원은 전 객실의 보안 점검을 재실시한다.
- **모든 승객이 하기하지 않아도 되는 경우**: 하기하는 승객의 좌석 및 좌우 좌석 3열에 대한 보안 점검을 재실시한다.

자발적 하기 승객으로 인한 보안 점검 시 안내 방송

안내 말씀 드리겠습니다. 탑승했던 일부 승객이 비행을 포기하고 내림에 따라 비행기의 보안 검색을 다시 실시하겠습니다. 지금부터 모든 짐을 갖고 내려주시기 바랍니다. 이는 손님 여러분의 안전을 위한 불가피한 조치입니다. 손님 여러분의 양해를 바라며, 검색이 끝난 뒤 직원이 재탑승을 다시 안내해드리겠습니다.

(2) 비자발적 하기 승객

승객이 항공기에 탑승했다가 하기하는 사유에 승객의 의도가 포함되지 않은 경우를 비자발적 하기라고 하며, 다음과 같은 사유가 이에 해당한다.

- 시스템 오류, 예약 초과 등 승객의 의사와 관계없는 경우

- 기상, 정비 등과 같은 운항 지연 사유로 승객이 여행을 포기하는 경우
- 기타 하기 사유가 승객의 의도와 관계없음이 명백한 경우

비자발적 하기의 경우 승객이 하기한 후 기내 보안 점검을 재실시하지 않지만, 관계 기관의 구체적인 정보에 의한 하기 시에는 기내 보안 점검을 재실시할 수도 있다.

항공사건 사례

2016년 9월 6일, 김포 국제공항에서 제주로 떠나기 위해 활주로로 이동하던 진에어 여객기에서 여성 승객이 갑자기 내려달라며 난동을 부렸다. 제주도의 날씨가 좋지 않다는 것이 그 이유였다. 결국 해당 여객기는 주기장으로 되돌아왔고, 불안을 느낀 다른 승객들까지 하기하겠다는 소동이 일기도 했다. 규정에 따라 폭발물 제거반이 긴급 출동하여 2시간 넘게 보안 검색을 한 뒤에야 출발할 수 있었으나, 승객의 단순 변심으로 인한 항공기 회항은 처벌 규정이 따로 없어 해당 승객은 관련 당국의 조사만 받고 귀가했다.
2017년 6월 6일, 호주의 브리즈번 공항을 출발하여 인천 국제공항으로 향하려던 대한항공 여객기에서 중국인 남성이 이륙 직전에 고소공포증을 호소하며 하기를 요청했다. 활주로에서 이륙하려고 준비 중이던 해당 여객기는 램프리턴을 했고, 승객이 모두 하기한 뒤 기내 보안 점검을 다시 실시하느라 출발이 2시간가량 지연되었다.

6) 비상구열 좌석 승객 브리핑

객실승무원은 승객 탑승 시점부터 항공기 푸시백 이전까지 비상구열 좌석에 앉은 승객에 대한 적정성을 확인하고, 해당 승객이 비상시 승무원의 업무를 도울 수 있도록 '비상구열 좌석 승객 브리핑'을 실시한다. 협조할 의사가 없거나 다음에 해당하는 승객은 비상구열 좌석에 앉을 수 없으며, 이러한 경우에는 운송 직원을 통해 승객을 재배치해야 한다.

실습영상

- 만 15세 미만 승객
- 승무원의 비상 탈출 지시를 들을 수 없는 승객
- 승무원의 비상 탈출 지시를 이해하기 어려운 승객
- 비상구열 좌석 착석 규정을 준수할 의사가 없는 승객

• 팔, 손, 다리의 민첩성이 떨어져 비상 상황 시 필요한 동작을 수행하기 어려운 승객
• 별도의 시력 보조 장비 없이 안전 활동을 수행하기 어려운 승객

비상구열 좌석 승객 브리핑 안내문

안녕하십니까? 이곳은 비상구열 좌석으로 비상시 승무원을 도와주셔야 합니다. 협조해주시겠습니까?
비상시 승무원의 신호에 따라 먼저 탈출하신 후 내려오는 승객들을 도와주시고 항공기로부터 멀리 대피하도록 안내해주십시오. 승무원이 비상구를 열지 못하는 상황인 경우에는 핸들을 화살표 방향으로 조작하여 열어주십시오. 더 자세한 사항은 안내문을 참고해주시기 바랍니다.

04 이륙 전 안전·보안

1) 객실 준비

(1) 도어 닫기 준비 완료

승객의 탑승이 완료되면 도어를 닫을 준비를 한다. 도어를 닫기 위해 완료해야 할 사항은 다음과 같다.

- 모든 승객 탑승
- 모든 휴대 수하물 정위치 보관
- 모든 선반 닫힘 상태

기내에 탑재되어야 할 모든 서류와 아이템이 탑재되었는지 최종 확인한 후 기장에게 도어를 닫을 준비가 완료되었다고 보고한다. 이때 객실사무장은 인터폰으로 PIC(pilot in command) 기장에게 "승객 ○명 탑승 완료했습니다"라고 말한다.

(2) 도어 닫기

도어를 닫을 준비가 완료되면 실제 탑승 인원과 서류상 탑승 인원이 일치하는지 확인하고, 기장의 허락을 받아 도어를 닫는다. 객실승무원은 도어를 닫은 후 객실사무장의 지시에 따라 도어 모드를 변경하고 안전 점검 절차를 수행한다. 항

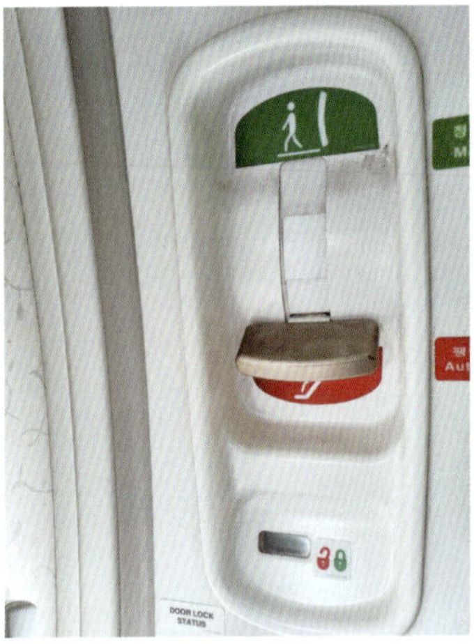

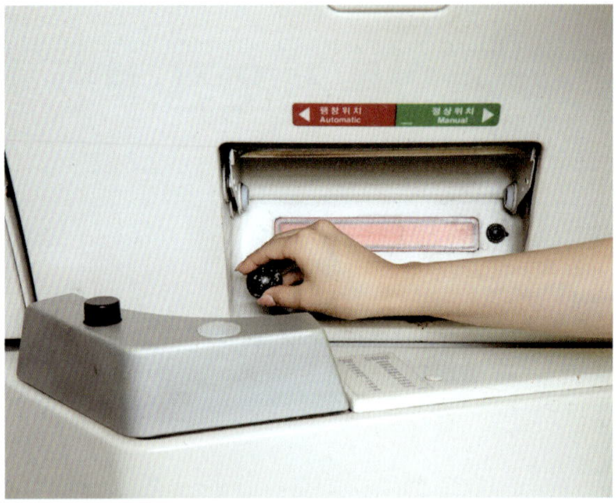

공기의 도어는 평상시에는 출입구로 사용되나 운항 중(항공기가 이동하는 시점부터 완전히 멈추는 시점까지)에는 비상 탈출구로 사용되므로 슬라이드/래프트를 사용할 수 있도록 도어 모드를 변경해야 한다.

(3) 안전 점검

안전 점검(safety check)은 단순히 도어 모드를 변경하는 것만이 아니라 항공기의 지상 이동을 위해 객실의 모든 준비가 완료되었음을 의미한다.

2) 푸시백 준비 완료

안전 점검(safety check)이 완료되면 객실사무장은 기장에게 푸시백 준비가 완료되었음을 보고하고, 기장은 이 보고를 받은 후에야 푸시백을 할 수 있다. 푸시백이란 게이트에 접안되어 있던 항공기를 토잉카(towing car)를 이용하여 이동하는 것을 말한다. 푸시백 준비 완료를 보고받은 기장은 지상 조업사에게 연락하여 항공기를 푸시백하도록 지시한다. 항공기가 토잉카에 의해 움직였다면 항공기 바퀴가 처음 움직인 시점이 푸시백이 되고, 항공기가 자체 추진력으로 움직였다면 엔진이 작동한 시점이 푸시백이 된다.

(1) 푸시백 준비 완료 사항

- 도어 닫기 준비 완료
- 비상 장비 점검 상태
- 비상구열 좌석 착석 상태
- 서비스 카트 정위치 보관 상태
- 승객의 착석 및 좌석벨트 착용 상태
- 좌석 등받이, 개인용 모니터, 식사 테이블, 발 받침대 원위치 상태

항공사고 사례

2015년 12월 16일, 인도의 뭄바이 국제공항에서 출발을 앞두고 푸시백을 하던 에어인디아 여객기의 정비사가 엔진에 빨려 들어가 사망하는 사고가 발생했다. 이 정비사는 작업을 감독하기 위해 앞바퀴 부분에 서 있다 참변을 당했다. 정상적인 절차에 따르면 정비사가 적색 깃발로 신호를 준 다음 엔진을 작동해야 하는데, 신호 전에 조종사가 엔진을 작동한 것으로 알려졌다.

(2) 토잉카

항공기의 제트 엔진은 외부 공기를 흡입하여 압축한 뒤 연료와 함께 연소시키고, 이때 생기는 가스를 뒤로 분출하여 그 반작용으로 추진하는 원리이다. 따라서 주기 중에 엔진을 작동하면 거센 바람이 일어 지상 조업사가 다칠 우려가 있으므로 엔진을 켜지 않은 채 토잉카로 푸시백하여 안전한 공간에서 엔진을 켠다.

OLEG TKACHEV/iStock/Getty Images Plus

Michael Derrer Fuchs/Shutterstock.com

Thunyanut/Shutterstock.com

3) 승객 브리핑

항공기 일상 안전 및 비상 안전에 관한 정보를 승객에게 제공하기 위해 객실승무원은 반드시 승객 브리핑(safety demonstration)을 실시해야 한다. 승객 브리핑은 항공 여행, 비행 시설에 익숙지 않은 승객에게 안전 관련 내용을 전달하여 비상사태 시 승객 스스로 안전을 확보하도록 하는 것이 목적이며, 모든 비행편은 이륙하기 전에 승객 브리핑을 실시하도록 법으로 정해져 있다. 멀티포션(multi-portion)인 경우 중간 기착지에서의 승객 탑승 여부와 관계없이 모든 구간에서 승객 브리핑을 실시하고, 회항(diversion) 후 재출발 시에도 반드시 실시한다.

생각해보기 승객 브리핑이 왜 필요한가?

(1) 승객 브리핑의 내용

구명조끼, 산소마스크, 비상구, 좌석벨트 등의 위치와 사용법, 비상 탈출 방법 등을 승객에게 자세히 알려준다.

(2) 승객 브리핑 방법

- **객실승무원이 직접 실연하는 경우**: 데모 장비를 가지고 객실사무장의 PA 방송에 맞추어 담당 구역에서 실연한다.
- **비디오를 상영하는 경우**: 비디오 상영 중 객실승무원은 담당 구역에서 승객의 가시권에 대기한다.

실습영상

(3) 개별 브리핑

담당 구역의 승객 중 비동반 소아(unaccompanied minor, UM), 장애 승객, 노인 승객 등 비상 탈출 시 도움이 필요한 승객이나 객실 구조상 승객 브리핑을 볼 수 없는 좌석에 앉은 승객에게는 개별 브리핑을 실시한다. 유아 동반 승객의 경우 승객 브리핑 내용 외 필요한 사항(유아용 구명조끼 등)에 대해 개별 브리핑을 해야 한다.

승객 브리핑의 중요성

미국연방교통안전위원회(National Transportation Safety Board, NTSB)의 연구 결과에 따르면 일반적으로 승객은 객실승무원이 실연하거나 영상물로 보여주는 승객 브리핑에 주의를 기울이지 않는 것으로 나타났다. 또한 승객 브리핑 카드도 제대로 읽지 않으며, 읽더라도 그 의미를 온전히 이해하지 못하는 것으로 밝혀졌다. 따라서 승객 스스로 비상 상황에 올바르게 대처할 수 없으므로 안전을 확보하기 위해 객실승무원의 역할이 강화되어야 할 것이다.

4) 항공기 지상 이동 시 규정

항공기가 지상에서 이동할 때 다음과 같은 안전 관련 업무를 수행하는 객실승무원을 제외한 모든 객실승무원은 승무원 좌석에 착석하여 좌석벨트와 숄더하니스를 착용해야 한다.

실습영상

- 기내 방송 및 승객 브리핑 실시
- 객실과 갤리 최종 점검
- 휴대폰을 비행 모드로 변경
- 좌석 등받이, 개인용 모니터, 식사 테이블, 발 받침대 원위치
- 도움이 필요한 승객 보조
- 기장 및 객실사무장의 지시 사항 이행
- 갑작스러운 비상사태 발생 시 대응
- 기타 항공기 및 승객 안전 관련 업무

객실승무원은 승무원 좌석에 앉아 다음과 같이 레디 포지션을 취하고 30-second review를 실시한다.

- 좌석벨트를 허리 아래쪽에 고정한다.
- 숄더하니스를 착용한다.
- 몸을 세워 좌석에 단단히 기대어 앉는다.
- 발바닥을 바닥에 붙인다.
- 양손의 손바닥을 위로 향하게 하여 허벅지 밑에 둔다.

5) sterile cockpit

비행 중요 단계에는 운항승무원의 업무에 방해가 되는 어떠한 행위도 금지되고 객실승무원이 안전 사항 외 불필요한 일로 조종실에 연락을 취하는 것을 제한하는데, 이러한 규정을 'sterile cockpit'이라고 한다. 비행 중요 단계는 순항 비행을 제외한 지상 활주, 이륙, 착륙 등 고도 1만 ft 이하에서 운항하는 모든 비행을 말한다. 비행 중요 단계에는 항공기의 안전 운항에 필요한 임무 외에 다른 임무를 수행하면 안 된다.

항공 지식

sterile cockpit은 왜 중요할까?

항공기가 이륙하는 3분과 착륙하기 전 8분은 항공사고 발생의 78%를 차지할 만큼 가장 위험한 시간이기 때문에 'critical 11'이라고 일컫는다. 비행 중에는 모든 순간이 안전과 직결되지만 통계적으로는 이 11분의 사고 발생률이 가장 높다. 이때 기장은 관제탑과의 교신, 항공기 운항을 위한 기기 조작 등을 하므로 매우 집중해야 한다. 따라서 비행 중요 단계에 객실승무원은 운항승무원의 업무에 방해가 되는 어떠한 행위도 해서는 안 된다는 것을 규정화한 sterile cockpit이 마련되었다.

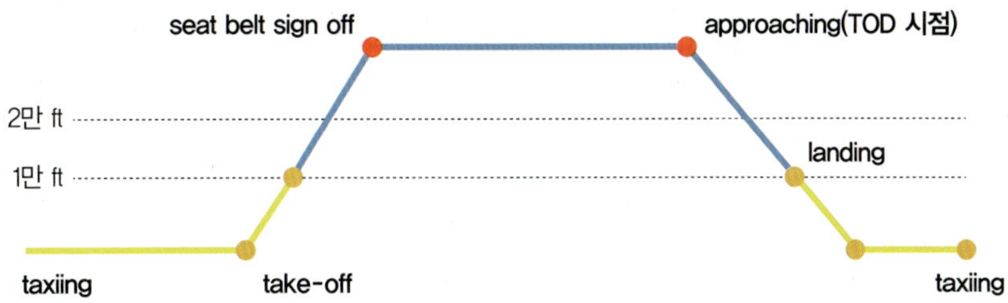

출처: 항공규칙제정위원회 ARC 보고서

6) 전자 기기 사용 금지 및 제한

항공기 무선 통신, 항법 장비, 운항 장비 계통에 간섭을 유발할 수 있는 전자 기기는 비행 중 사용이 금지된다. 반면에 인공 심장 박동기, 보청기, 사전 허가된 생명 보조 장치, 무선 통신 기능이 꺼진 스마트 기기 등은 상시 사용할 수 있다.

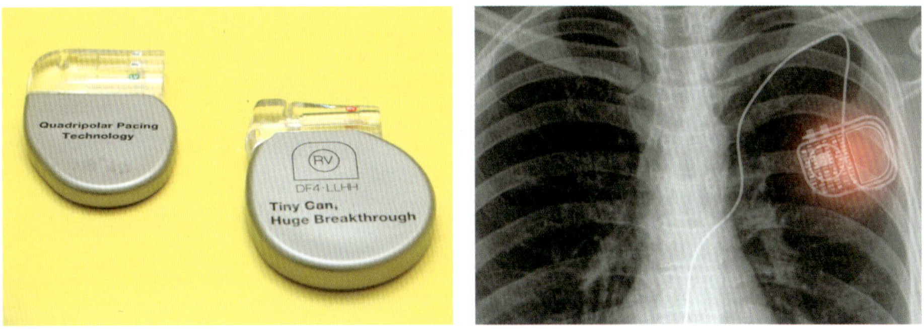

인공 심장 박동기

7) 항공기 제빙·방빙

항공기 외부의 중요 부분(조종면, 날개, 엔진 등)에 쌓인 눈, 서리, 얼음은 안전 운항을 방해하는 요소로, 이륙 전 반드시 제거해야 한다. 날개에 눈이나 서리가 쌓이면 공기의 흐름이 매끄럽지 못하여 항공기를 들어올리는 힘인 양력이 감소될 수 있다. 또한 동체에 붙은 눈이나 얼음은 무게를 증가시킬 뿐 아니라 각종 계기의 작동에 지장을 주기도 한다.

생각해보기 항공기 제빙·방빙이 왜 중요한가?

객실승무원은 이륙 전 착빙 현상을 발견한 경우 운항승무원에게 즉시 보고해야 한다. 운항승무원이 제빙 작업을 지시하면 항공기를 별도의 공간으로 옮겨 제빙·방빙 작업을 한다. 제빙·방빙 작업을 완료한 항공기는 다시 눈이 쌓이거나 얼기 전 제한 시간 이내에 이륙해야 하며, 만약 제한 시간을 초과하면 다시 제빙·방빙 작업을 실시한다.

항공사고 사례

1989년 3월 10일, 에어온타리오의 포커 F28기가 눈발이 날리는 캐나다 드라이든 공항에 도착했다. 이곳에서 재급유한 뒤 위니펙으로 갈 예정이었으나 추가 탑승자로 인해 중량이 초과되어 연료를 빼내느라 1시간가량 출발이 지연되었다. 해당 여객기는 이륙했으나 고도를 높이지 못하고 곧바로 공항 근처 숲에 추락하여 탑승객 69명 중 24명이 사망했다. 사고 원인은 날개에 쌓인 눈이었다. 제빙 작업을 하지 않은 채 이륙하다 충분한 양력을 받지 못하여 이륙에 실패한 것이다.

8) 이륙 준비 완료

기장이 좌석벨트 착용 표시등을 3회 점멸했다 켜면 객실사무장은 기장에게 이륙 준비가 완료되었음을 보고하고 이륙 방송을 실시한다. 객실사무장은 다음과 같은 이륙 준비 완료 사항을 확인한 후 기장에게 이륙 준비 완료를 보고해야 하며, 기장은 이 보고를 받은 후에야 이륙할 수 있다.

- 푸시백 준비 완료
- 승객 안전 브리핑 실시
- 객실과 갤리의 유동물 고정
- 객실승무원 착석 상태 점검

이륙 방송

손님 여러분, 우리 비행기는 곧 이륙하겠습니다. 여러분의 안전을 위해 좌석벨트를 매셨는지 다시 한번 확인해주시기 바랍니다.

05 이륙 후부터 착륙 전까지

1) 난기류

항공기가 순항 중 기류가 불안정한 난기류 지역을 통과할 때 기체가 흔들리기도 한다. 난기류는 공기의 움직임이 활발한 여름철, 적도 근방에서 많이 발생한다. 난기류를 미리 탐지하고 피하기 위해 항공기에는 기상 레이다가 장착되었으나 모든 난기류를 완벽하게 피할 수는 없으므로 비행 중 크고 작은 난기류를 만나게 된다. 이때 기체가 요동치면 승객이 부상을 입을 수도 있으므로 객실승무원은 비행 중 항상 좌석벨트를 착용하도록 안내해야 한다. 비행 중 난기류를 만나면 기장은 좌석벨트 착용 표시등을 켜고 운항승무원 또는 객실승무원은 기내 방송을 실시하며, 객실승무원은 다음과 같이 조치한다.

항공 지식

난기류는 왜 발생할까?

난기류는 지형, 지표면의 열적 특성에 의한 공기의 상승으로 방향과 속도가 불규칙하게 바뀌는 기류이다. 난기류가 발생하는 요인은 다양하지만, 낮에 태양열을 받아 데워진 공기가 급격히 상승하고 그 자리를 차가운 공기가 메우면서 대기의 요동이 발생하고, 풍향과 풍속이 계속 바뀌면서 예측하기 어려운 기류가 형성된다.

- 승객의 좌석벨트 착용 유도
- 객실과 갤리의 유동물 고정
- 객실승무원 착석

2) 어프로칭

어프로칭(approaching)은 항공기가 하강하기 시작하는 시점(TOD)을 말하며, 이때 기장은 "Cabin crew, prepare for landing"이라고 방송한다. 그리고 객실승무원은 다음과 같은 안전 관련 업무를 수행한다.

- 어프로칭 및 기타 안내 방송 실시
- 좌석 등받이, 개인용 모니터, 식사 테이블, 발 받침대 원위치
- 휴대 수하물 보관 상태 점검
- 서비스 아이템 회수
- 객실의 유동물 고정
- 갤리 내 보관 상태 점검

3) 착륙

항공기가 고도 1만 ft를 통과하는 시점으로, 기장은 좌석벨트 착용 표시등을 켠다. 이때부터 승객은 좌석에서 이동할 수 없으며, 객실승무원은 다음과 같은 안전 관련 업무를 수행한다.

- 승객의 좌석벨트 착용 확인
- 화장실 내 잔류 승객 유무 확인
- 개인용 모니터 원위치
- 승무원 좌석 착석 및 30-second review

06 착륙 후부터 승객 하기 후까지

1) 항공기 지상 이동 중

항공기가 지상에서 이동할 때 객실승무원은 비행 중요 단계의 규정을 준수하고, 좌석벨트 착용 표시등이 꺼질 때까지 모든 승객이 착석하도록 안내한다. 안전 관련 업무를 수행하는 객실승무원을 제외한 모든 객실승무원은 승무원 좌석에 착석하여 좌석벨트와 숄더하니스를 착용해야 한다.

2) 안전 점검

항공기가 완전히 정지하면 객실사무장은 all attendant call을 통해 도어 모드 변경을 지시한다. 객실승무원은 도어 모드를 팽창 위치에서 정상 위치로 변경한 후 맞은편 도어의 객실승무원과 상호 확인한다.

① all attendant call을 통해 지시한다.

② 도어 모드를 변경한다.

③ 맞은편 도어의 객실승무원과 상호 확인한다.

④ all attendant call을 통해 응답한다.

出口
EXIT
出口
EXIT

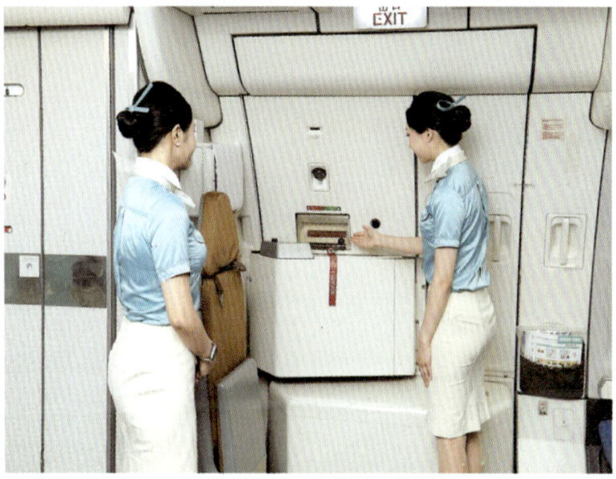
EXIT

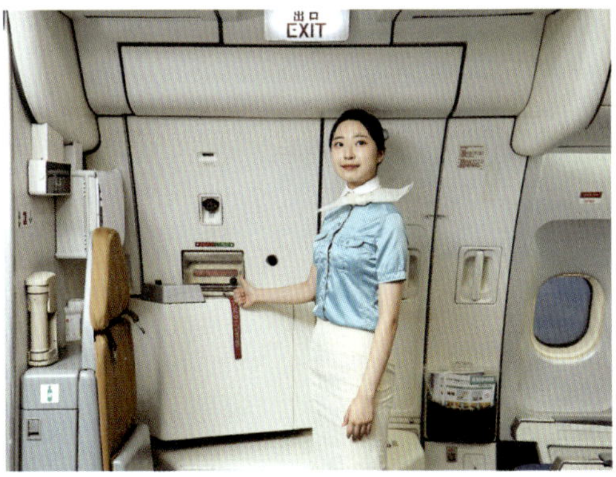
出口
EXIT

3) 도어 열기

일반적으로 항공기 도어는 외부에서 열지만 B737-800/900은 내부에서 도어를 연다. 도어를 열 때 비상 탈출 장비의 오작동이 발생할 가능성이 있기 때문에 주의가 필요하며, 도어를 작동할 때는 원칙과 절차를 반드시 준수해야 한다.

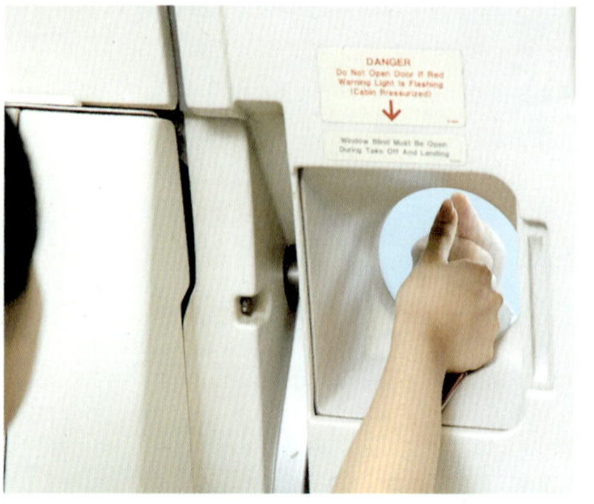

탑승교(bridge), 스텝카(step car), 조업 장비 등이 항공기에 접현한 후 도어 외부에서 지상 직원이 viewing window를 두드리고, 도어를 열 준비가 완료가 된 경우 객실사무장은 'thumb-up' 수신호를 보낸다.

항공기 내부에서 도어를 열 때는 2인 1조의 객실승무원이 절차를 준수하여 개방한다. 실수로 비상 탈출 장비가 오작동되면 운항이 지연되어 승객의 여정에 차질이 발생하기 때문에, 실수를 피하기 위해 2인 1조로 상호 확인해야 한다. 이때 선임 승무원은 도어를 개방하는 조작 승무원이 되고, 후임 승무원은 관찰자로서 선임 승무원의 행동이 적절한지, 도어의 상태가 정상인지 등을 확인하여 이상이 있으면 즉시 시정을 요청한다.

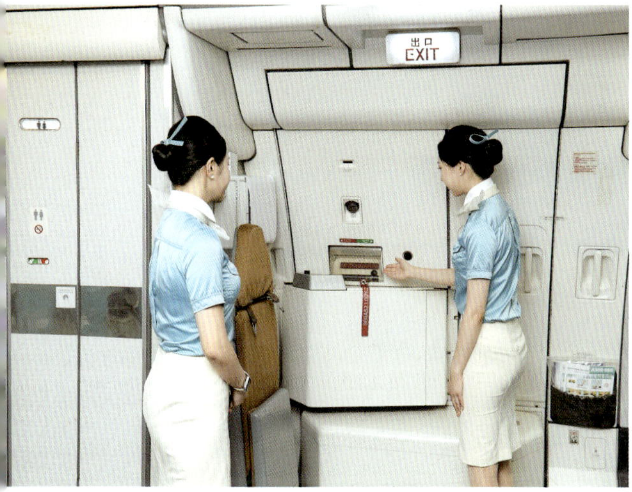

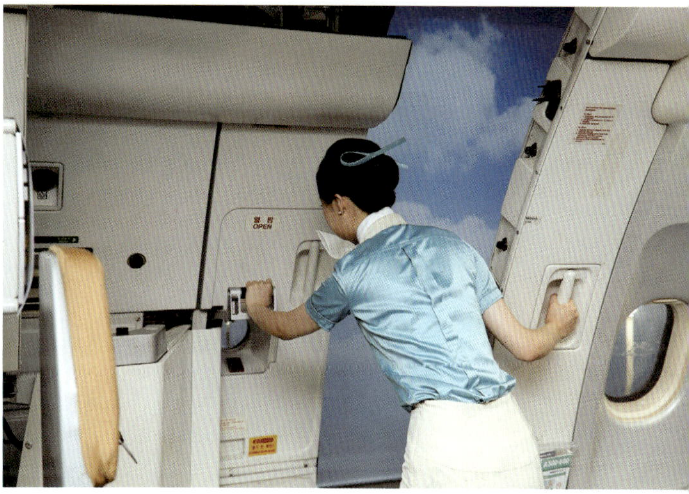

4) 승객 하기 후 보안 점검

하기 순서에 따라 승객이 모두 내리고 나면 객실승무원은 화장실, 코트룸, 선반 등을 모두 열고 위험물과 잔류 승객을 확인하는 보안 점검을 실시한다. 또한 승무원 휴게실 내부도 점검한다.

생각해보기 승객 하기 후 보안 점검을 왜 철저히 해야 하는가?

항공사건 사례

국내 여객기가 승객이 두고 내린 노트북을 싣고 태국과 중국을 오간 일이 있다. 승객 하기 후의 기내 점검에서 노트북을 발견하지 못한 것이다.

2017년 8월 3일, 한 승객이 인천발 방콕행 여객기에 탑승하여 노트북을 선반에 넣었다. 이 승객은 하기하여 공항을 떠난 후에야 노트북을 놔두고 왔다는 것을 깨달았다. 그런데 항공사는 승객 하기 후 기내 점검 시 노트북을 발견하지 못했다. 게다가 방콕에서 새로운 승객을 태우기 전의 기내 점검 시에도 노트북을 발견하지 못한 채 인천으로 향했다. 이 여객기는 다시 인천에서 중국 창춘으로 갔고, 창춘에서의 기내 점검 시 노트북이 발견되었다. 이 사례는 기내 보안 점검의 중요성을 일깨워주었다.

5) 항공안전 의무 보고

항공안전 의무 보고 제도는 항공 산업 현장의 잠재적 위험 요인을 사전에 찾아내어 통계적·과학적인 분석과 대응을 통해 사고를 예방하기 위해 항공기 사고, 항공기 준사고 또는 항공안전 장애를 발생시켰거나 발생한 것을 알게 된 항공 종사자 등 관계인이 그 사실을 정부에 보고하게 하는 제도이다. 항공기 사고, 항공기 준사고의 경우 발생시켰거나 발생한 것을 알게 된 즉시 보고해야 하고, 항공안전 장애의 경우 발생시켰거나 발생한 것을 알게 된 시점으로부터 72시간 이내에 보고해야 한다(TS한국교통안전공단). 이에 객실승무원은 항공기 사고, 항공기 준사고 또는 항공안전 장애에 해당하는 사안에 대해 기장, 종합통제부와 객실안전팀 등의 유관 부서에 보고하고 관련 보고서를 작성할 의무가 있다.

정리해보기

1. 이륙 전 객실승무원의 안전 업무를 정리하시오.

2. 비행 중 객실승무원의 안전 업무를 정리하시오.

3. 승객 하기 후 객실승무원의 안전 업무를 정리하시오.

참고문헌

국제민간항공협약(Convention on International Civil Aviation, 1944)

김윤숙·황호원, 《항공객실보안론》, 센게이지러닝코리아, 2021

대한항공 업무 교범

박수진, "기내 불법 방해행위의 증거물에 관한 항공 객실승무원의 증명력 확보를 위한 방안 연구", 한국항공경영학회지, 2022

박수진, "음주 승객의 항공기 탑승 거절에 관한 연구", 한국항공경영학회지, 2018

박수진, "항공기 내 보안제도 개선에 관한 법적 연구", 한국항공대학교 대학원 박사학위 논문, 2020

박수진·신상태, 《항공객실서비스 업무 기본》, 센게이지러닝코리아, 2022

서정만·정인수, 《항공보안개론》, 한올, 2020

안주연·황호원, "항공기 내 자발적 하기 승객으로 인한 항공보안 점검 및 피해보상에 관한 연구", 한국항공경영학회지, 2017

이주형·황호원, "미국 민간 항공보안 법 규정에 대한 고찰", 한국항공우주정책·법학회지, 2014

NCS 직무 표준, NCS 학습 모듈(항공객실서비스) 기내 안전관리, 승객 탑승 전 준비, 승객 탑승 및 이륙 전 서비스, 비행 중 서비스, 착륙 전 서비스, 승객 하기 후 관리, 응급환자 대처, 객실 승무관리, 기내 음료 서비스

고정익 항공기를 위한 운항기술기준[시행 2022. 10. 5.] [국토교통부 고시 제2022-572호, 2022. 10. 5., 일부 개정]

국가 항공안전 프로그램[시행 2017. 3. 23.] [국토교통부 고시 제2017-181호, 2017. 3. 23., 일부 개정]

사법경찰관리의 직무를 수행할 자와 그 직무범위에 관한 법률[시행 2023. 7. 18.] [법률

제19548호, 2023. 7. 18., 일부 개정]

항공보안법[시행 2022. 1. 28.] [법률 제18354호, 2021. 7. 27., 일부 개정]

항공보안법 시행규칙[시행 2020. 1. 23.] [국토교통부령 제687호, 2020. 1. 23., 일부 개정]

항공안전법[시행 2023. 1. 19.] [법률 제18789호, 2022. 1. 18., 일부 개정]

항공안전법 시행규칙[시행 2023. 10. 13.] [국토교통부령 제1252호, 2023. 9. 12., 일부 개정]

항공운송사업자의 항공기내보안요원 등 운영 지침[시행 2021. 5. 31.] [국토교통부 지침 제193호, 2021. 5. 31., 일부 개정]

국가법령정보센터 홈페이지

국토교통부 홈페이지

대한항공 홈페이지

인천공항 홈페이지

한국교통안전공단 홈페이지

한국항공진흥협회 홈페이지

항공정보포털시스템 홈페이지

IATA 홈페이지

ICAO 홈페이지

저자 약력

박수진

한국항공대학교 항공경영학과 석사
한국항공대학교 항공운항관리학과 법학 박사(항공우주법 전공)

현) 인하공업전문대학 항공운항과 전임교수
한국항공안전교육원 항공안전·보안 강사
항공보안학회 이사
항공인적요인학회 이사
항공판례연구회 연구위원
항공사고조사 자문위원(항공철도사고조사위원회)
TS한국교통안전공단 항공안전자율보고 분석위원

전) 대한항공 선임사무장
대한항공 객실훈련원 전임강사
대한항공 객실교관 및 심사관
2018 평창 동계올림픽 자원봉사 교육 담당

홍영식

한국항공대학교 항공경영학과 석사

현) 한국항공경영학회 이사
국제관광레저학회 이사

전) 대한항공 객실수석사무장
대한항공 객실승원총괄팀장
인하공업전문대학 항공운항과 교수

항공의 날 건교부 장관상 수상
2014 인천 아시안게임 관련 대통령 표창
NCS 항공객실서비스 분야 개발 및 대표 집필자
교육부장관상 수상